安徽省精品教材建设项目
安庆师范大学教材建设与出版基金资助

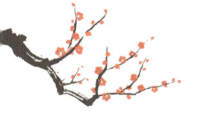

黄梅戏
艺术欣赏

郭霄珍　著

北京师范大学出版集团
BEIJING NORMAL UNIVERSITY PUBLISHING GROUP
安徽大学出版社

图书在版编目(CIP)数据

黄梅戏艺术欣赏/郭霄珍著. —合肥:安徽大学出版社,2023.9
ISBN 978-7-5664-2633-8

Ⅰ.①黄… Ⅱ.①郭… Ⅲ.①黄梅戏—音乐欣赏 Ⅳ.①J825.54

中国国家版本馆 CIP 数据核字(2023)第 093650 号

黄梅戏艺术欣赏

郭霄珍 著

出版发行:	北京师范大学出版集团 安 徽 大 学 出 版 社 (安徽省合肥市肥西路 3 号 邮编 230039) www.bnupg.com www.ahupress.com.cn
印　　刷:	合肥远东印务有限责任公司
经　　销:	全国新华书店
开　　本:	710 mm×1010 mm　1/16
印　　张:	13.5
字　　数:	182 千字
版　　次:	2023 年 9 月第 1 版
印　　次:	2023 年 9 月第 1 次印刷
定　　价:	56.00 元

ISBN 978-7-5664-2633-8

策划编辑:李　健		装帧设计:李　军	
责任编辑:李　健		美术编辑:李　军	
责任校对:汪　君		责任印制:陈　如　孟献辉	

版权所有　侵权必究
反盗版、侵权举报电话:0551—65106311
外埠邮购电话:0551—65107716
本书如有印装质量问题,请与印制管理部联系调换。
印制管理部电话:0551—65106311

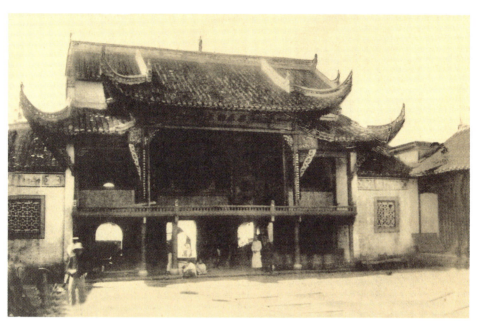

安庆东岳庙古戏台。刊于《近代中国人的宗教信仰 安庆的寺庙及其崇拜》
（图片由张健初提供）

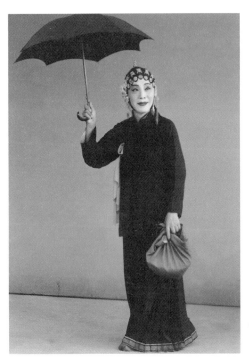

黄梅戏传统剧目《何氏劝姑》
剧照,丁永泉饰演何氏
（图片由时白林提供）

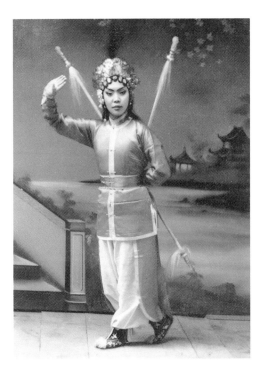

丁翠霞年轻时演出剧照
（图片由丁普生提供）

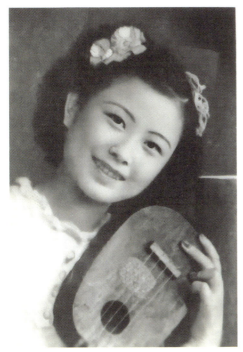

黄梅戏艺术大师严凤英,1946年拍摄于钱牌楼云芳照相馆,当时严凤英刚刚16岁,因唱红《小辞店》刘凤英一角,名震安庆。
（图片由崔诚志、张健初提供）

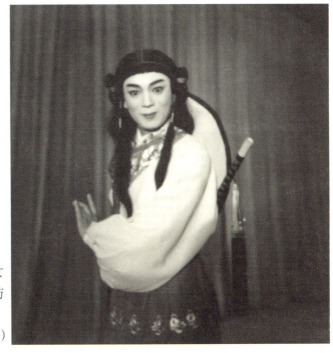

黄梅戏《牛郎织女笑开颜》剧照,王少舫饰演牛郎
（图片由陈精根提供）

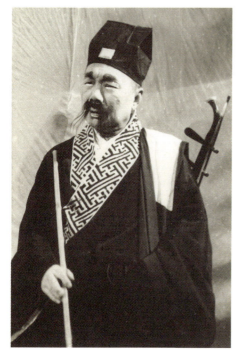

黄梅戏传统小戏《瞎子算命》剧照,丁紫臣饰演王瞎子,后来在演这出戏时把王瞎子这个角色改名为皮瞎子。

(图片由丁普生提供)

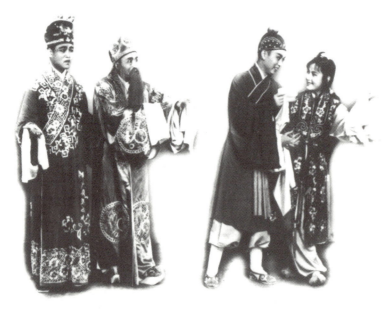

黄梅戏老版《天仙配》剧照,左起:吴来保饰演傅公子、张云风饰演傅员外、王少舫饰演董永、严凤英饰演七仙女

(图片由陈精根提供)

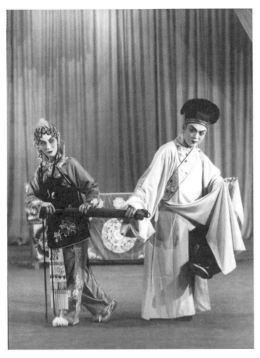

黄梅戏传统剧目《小辞店》剧照,严凤英饰演柳凤英,王少舫饰演蔡鸣凤

(图片由陈精根提供)

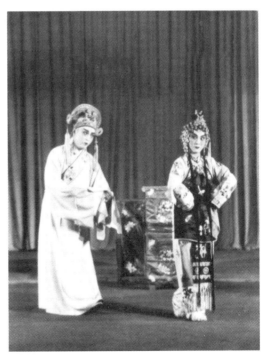

黄梅戏移植剧目《王定保借当》剧照,严凤英饰演张秋兰,王少舫饰演王定保

(图片由王小亚提供)

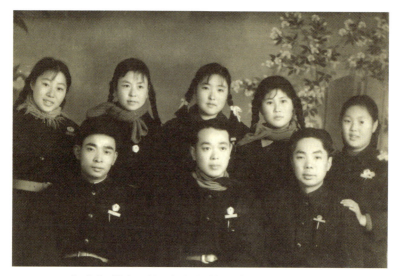

1953年参加赴朝慰问演出的黄梅戏演员在京集训时合影。第一排左起：沈贤志、王少舫、丁紫臣，第二排左起：潘璟琍、纪延龄、潘霞云、马元玲、丁俊美

（图片由丁普生提供）

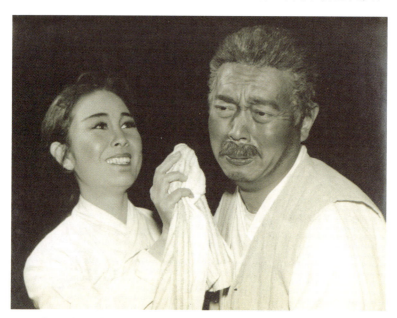

黄梅戏现代戏《红色宣传员》剧照，王少舫饰演崔镇午，严凤英饰演李善子

（图片由陈精根提供）

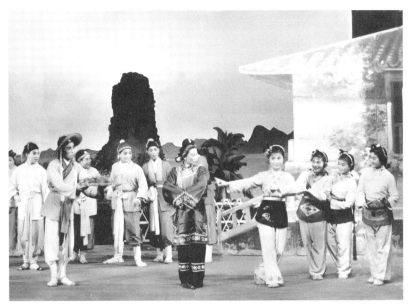

黄梅戏移植剧目《刘三姐》剧照,王少梅饰演媒婆(中间)严凤英饰演刘三姐(右四)

(图片由王小亚提供)

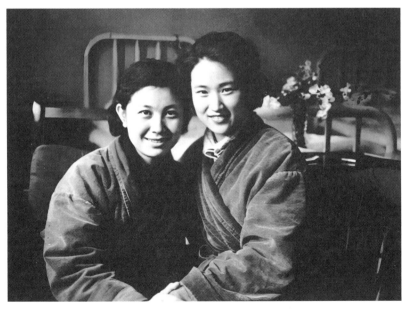

20世纪60年代王文娟与严凤英合影

(图片由王小亚提供)

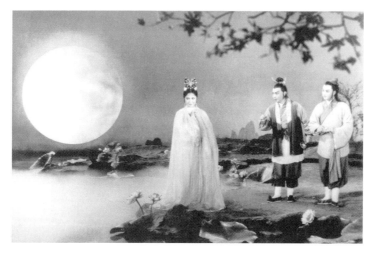

黄梅戏电影《牛郎织女》剧照,严凤英饰演织女、王少舫饰演老牛、黄宗毅饰演牛郎

(图片由陈精根提供)

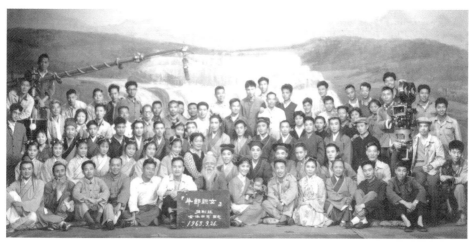

1963年9月26日,黄梅戏电影《牛郎织女》剧组演职人员合影。严凤英(一排右六)、王少舫(一排左四)、黄宗毅(一排左一),主创导演岑范(一排左六)、作曲时白林(一排左三)、作曲方绍墀(二排右三)以外,还有老艺人丁翠霞(一排右三)、张传宏(一排中间老汉),著名演员张云风(一排左二)、王少梅(二排左八)、陈文明(二排右七)、麻彩楼(一排右四)、查瑞和、张孝荣(二排左三)、刘胜男(二排左四)、"打鼓佬"王文龙(三排左六着戏装者)客串演出。

(图片由张孝荣提供)

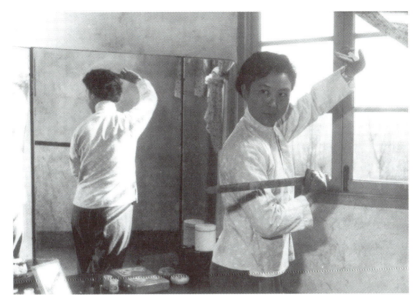

严凤英练习身段

（图片由王小亚提供）

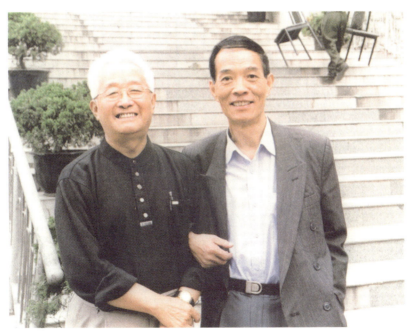

时白林、程学勤两位黄梅戏作曲家的合影

（图片由张孝荣提供）

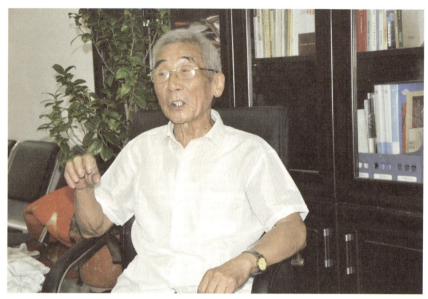

郑立松,新中国第一代戏改干部,原安庆市黄梅戏研究所副所长,整理改编黄梅戏剧目20多个,其中有《打猪草》《夫妻观灯》《蓝桥会》等黄梅戏经典剧目,出版《郑立松黄梅戏小戏选集》等

(图片由郑文生提供)

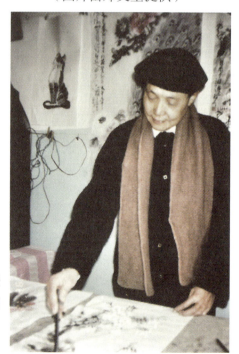

原安庆黄梅戏一团舞台美术师、安徽黄梅戏学校舞台美术高级讲师蔡春山工作照

(图片由蔡欣平提供)

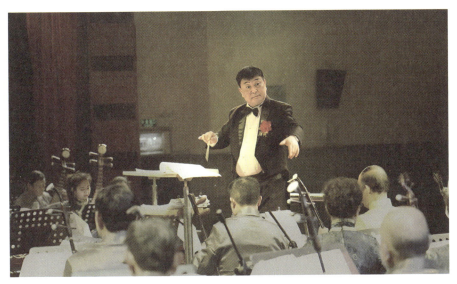

严凤英长子王小亚正在指挥乐队排练

（图片由王小亚提供）

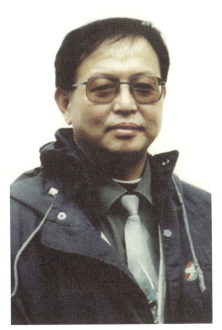

黄梅戏一级美术师蔡欣平

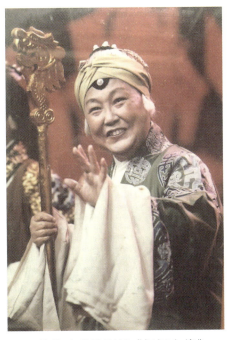

黄梅戏移植剧目《杨门女将》，丁俊美饰演佘太君

（图片由时白林提供）

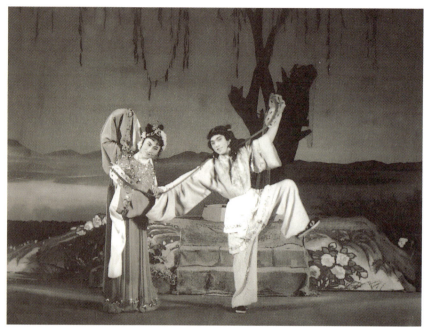

黄梅戏移植剧目《刘海与金蟾》剧照,张萍饰演金蟾,吴春生饰演刘海
（图片由张萍提供）

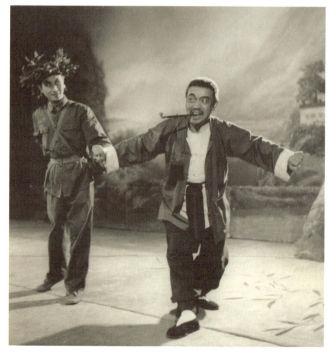

黄梅戏现代戏《军民一家》剧照,王少舫饰演张大伯.黄厚生饰演战士小冯
（图片由陈精根提供）

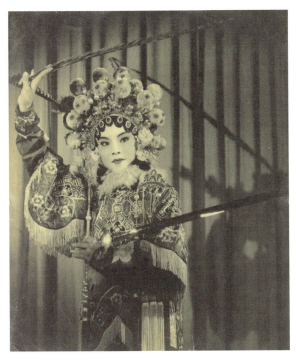

黄梅戏移植剧目《虹桥赠珠》剧照，张孝荣饰演水母娘娘

（图片由张孝荣提供）

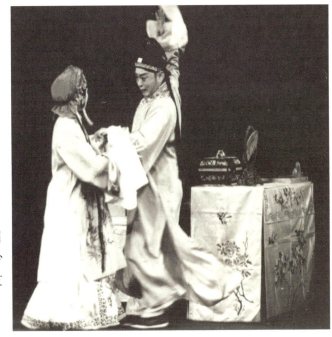

黄梅戏传统剧目《罗帕记》剧照，王少舫饰演王科举，许自友饰演陈赛金

（图片由陈精根提供）

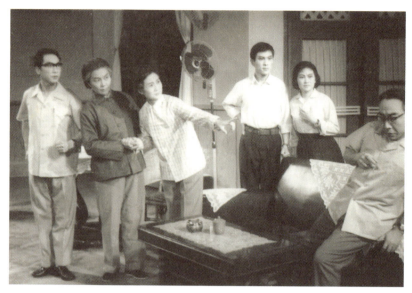

20世纪70年代黄梅戏现代戏《于无声处》剧照,左起:夏承平饰演何为,汪琪饰演梅林,江明安饰演刘秀英,丁善池饰演欧阳平,张萍饰演何云,王健超饰演何是非

(图片由张萍提供)

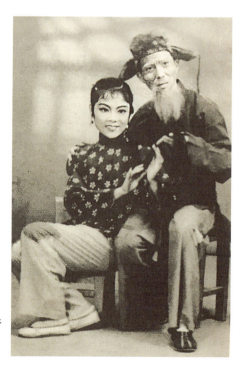

黄梅戏现代戏《白毛女》剧照,
张孝荣饰演喜儿、周考如饰演杨白劳
(图片由张孝荣提供)

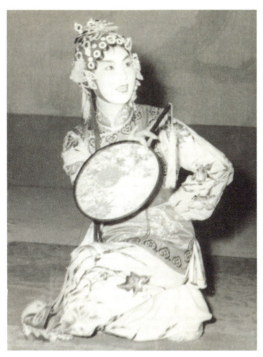

1959年安徽省黄梅戏剧团国庆节向国庆献礼演出的移植黄梅戏折子戏《游园惊梦》演出剧照。张萍饰演春香

（图片由张萍提供）

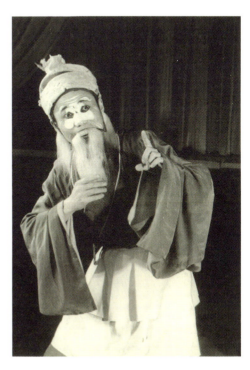

黄梅戏传统剧目《金玉奴》剧照，潘启才饰演金松。

（图片由潘启才提供）

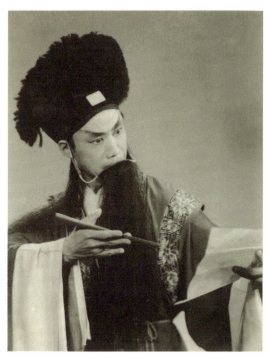

黄梅戏传统剧目《乌金记》剧照,潘启才饰演吴天寿
(图片由潘启才提供)

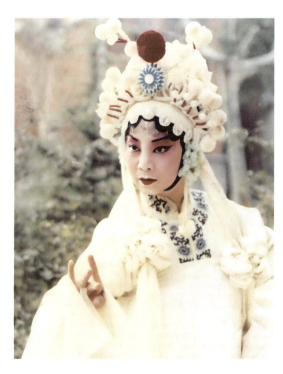

黄梅戏移植剧目《白蛇传》剧照,方宝玲饰演白素贞
(图片由方宝玲提供)

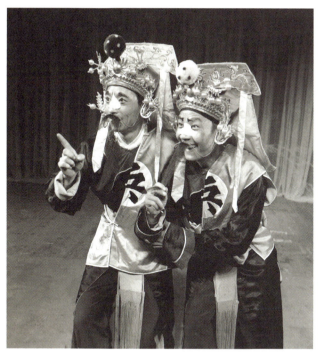

黄梅戏《三请樊梨花》剧照,陈金鼎饰演士兵甲,徐恩多饰演士兵乙
(图片由汪金财提供)

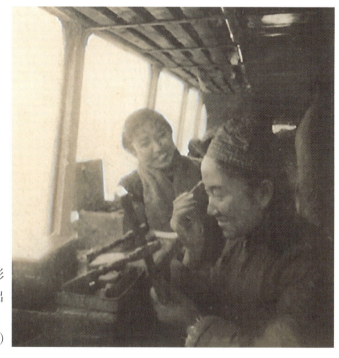

黄梅戏老演员彭玉兰在安庆市团演出前化妆
(图片由丁普生提供)

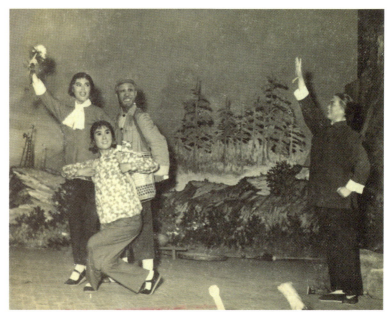

1972年,黄梅戏《一把药草》剧照,左起:刘广慧扮演周世华,汪金财饰演李回春,吴秀兰饰演王大婶,卢小桃饰演李小玲
（图片由汪金财提供）

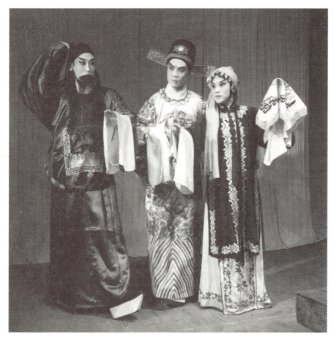

黄梅戏《罗帕记》剧照,左起:阚根华饰演王科举,王同庆饰演汪金龙,胡静饰演陈赛金
（图片由陈黎提供）

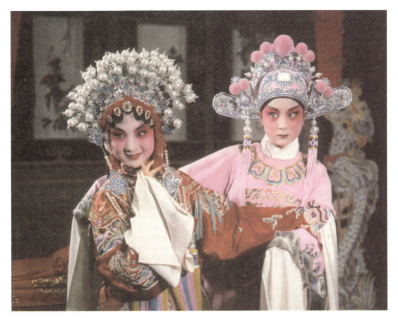

1982年10月,安徽黄梅戏学校排演汇报演出剧目——黄梅戏传统大戏《女驸马》。葛剑群饰演公主,郭霄珍饰演冯素珍
（图片由刘亚男提供）

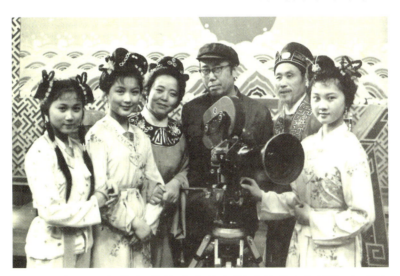

20世纪80年代初黄梅戏古装电影《杜鹃女》剧组主要演员与导演合影。左起：张小萍饰演杜雀,郭霄珍饰演杜鹃,王芙珍饰演李氏,导演沙丹,汪金财饰演杜德恩,汪静饰演杜准
（图片由汪金财提供）

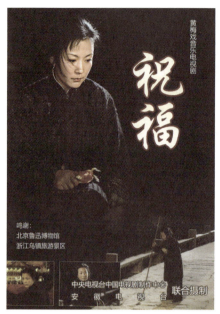

根据鲁迅小说改编的黄梅戏音乐电视连续剧《祝福》宣传册插页,祥林嫂由郭霄珍饰演

(图片由周天虹提供)

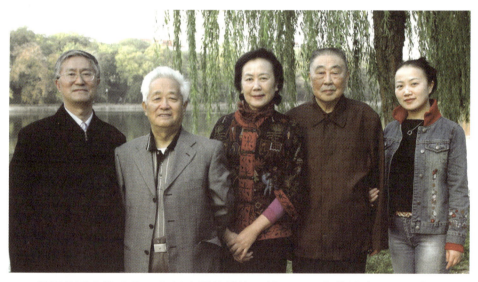

根据鲁迅小说改编,由胡连翠总导演,周天虹、李伟导演,金芝编剧,时白林任音乐顾问,徐代泉作曲,黄桥摄像,中央电视台、安徽电视台联合拍摄的4集黄梅戏音乐电视连续剧《祝福》部分主创人员合影。左起:作曲徐代泉、音乐顾问时白林、总导演胡连翠、编剧金芝、导演周天虹。该剧荣获第二十三届中国电视剧"金鹰奖"提名奖

(图片由周天虹提供)

序

一场大病之后，我的记忆力衰退得很严重，提笔忘字是常事。现在我一有空闲就把时间安排在练练书法和听听音乐——中国与外国的古典音乐和戏曲、曲艺、歌剧等领域中去了。正当我迷醉于我的音乐天地中时，安庆师范大学郭霄珍老师在电话中说想对我进行采访。我与霄珍有过几次谋面，在报刊上看过她的一些文章和电视里对她的采访，更知道她也是一位黄梅戏演员中的佼佼者。

近读霄珍编著的《黄梅戏艺术欣赏》书稿，全书十余万字，通读时，深感她对黄梅戏艺术事业有着一种发自内心深处的热爱。书稿对黄梅戏从形成到发展各阶段、声腔的走向成熟，以及相关剧目、名家名段的不断积累与流传进行介绍。黄梅戏从地方小戏发展为今日名扬海内外的戏曲剧种，实在是值得颂扬的。此书稿我认真地通读后，心潮澎湃，浮想联翩，一张张我熟悉又缅怀尊敬的面孔在我脑海里一幕幕地浮现……

霄珍告诉我，她这本书稿在各方面专家及同仁的重视与关怀下仍在修改完善中，但愿能如期读到，是为序。

时白林
2021年11月 合肥

目　录

导　语 ………………………………………………………… 1

第一章　黄梅戏的形成 ……………………………………… 4
一、从民间小调到黄梅戏的雏形 ………………………… 4
二、从草台班子到堂会演出 ……………………………… 11
三、从"独角戏"到"正本戏" …………………………… 14

第二章　黄梅戏发展的基本历程 …………………………… 21
一、从"三打七唱"到胡琴伴奏 ………………………… 21
二、电影《天仙配》对黄梅戏的传播影响 ……………… 26
三、改革开放时期黄梅戏的恢复与繁荣 ………………… 34

第三章　黄梅戏打击乐 ……………………………………… 37
一、打击乐乐队组成 ……………………………………… 37
二、打击乐在不同艺术门类中的艺术效果 ……………… 38
三、打击乐在舞台演绎中的作用 ………………………… 40
四、黄梅戏打击乐锣鼓经 ………………………………… 46

第四章　黄梅戏的声腔音乐 ················ 54
一、黄梅戏音乐的特点和来源分析 ················ 54
二、"主调"各腔体简介 ················ 68

第五章　黄梅戏的剧目 ················ 122
一、剧目概述 ················ 122
二、剧目详情 ················ 123

第六章　黄梅戏的唱词、念白 ················ 140
一、黄梅戏的唱词 ················ 140
二、黄梅戏的念白 ················ 144

第七章　黄梅戏的表演 ················ 153
一、黄梅戏早期的表演风格 ················ 153
二、黄梅戏的行当 ················ 158
三、因戏而定，程式、生活、歌舞交织融合的风格特点 ················ 165

附录一　黄梅戏一代宗师严凤英、王少舫的表演艺术 ················ 169
我演七仙女（严凤英） ················ 169
我演董永（王少舫） ················ 178

附录二　黄梅戏精选唱段目录 ················ 185

附录三　推荐阅读书目 ················ 186

后　记 ················ 189

导　　语

"树上的鸟儿成双对,绿水青山带笑颜。从今不再受那奴役苦,夫妻双双把家还……"出自上海电影制片厂1955年拍摄的第一部黄梅戏电影《天仙配》中的经典唱段《满工对唱》(又名《夫妻双双把家还》)。电影《天仙配》中的七仙女和董永分别由黄梅戏表演艺术家严凤英和王少舫扮演,这段唱腔经过两位艺术家的演唱,可以说是家喻户晓、经久不衰。那优美动听的唱腔如泉水般汩汩流入人们心间,余音绕梁;那精湛细腻的表演有着浓郁的百姓生活气息,令人过目难忘。电影《天仙配》的成功拍摄是黄梅戏发展过程中的一座里程碑,使黄梅戏从名不见经传的剧种逐步走向全国、走向世界。从此,一个个优美动人的民间故事、一代代优秀敬业的艺术家、一种雅俗共赏的传统戏曲风格样式,登上了我国的戏曲文化殿堂。黄梅戏成为深受观众喜爱的全国五大戏曲剧种之一,成为安徽乃至中国的一张靓丽的特色文化名片。2006年5月,经国务院批准,黄梅戏被列入第一批"国家级非物质文化遗产名录"。

电视连续剧《严凤英》的主题曲《山野的风》这样唱道:"茶

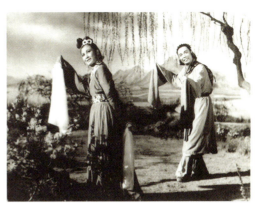

电影《天仙配》剧照,严凤英饰演七仙女,王少舫饰演董永(图片由王小亚提供)

歌飘四方,飘在人心上。你是山野吹来的风,带着泥土香。"从这段歌词中我们可以感受到黄梅戏如同一阵清风,带着泥土的芳香,从田间地头、从百姓生活中拂面而来,浸润了人们的生活,让人们尤其是寻常百姓,从中体味到轻松、快乐和美好,感受到来自乡土的呵护与抚慰。与其他剧种相比,黄梅戏很年轻,她的形成和发展时间都很短,至今只有两百多年的历史。她能在短短的时间内形成、发育、成熟并迅速被全国观众所喜爱,可以说是中国地方戏曲剧种发展中的一个奇迹。如今,很多人都会唱《夫妻双双把家还》《谁料皇榜中状元》《到底人间欢乐多》《海滩别》《郎对花,姐对花》等黄梅戏经典唱段,这些唱段可谓脍炙人口。作为一个地方戏曲剧种,黄梅戏能如此深受观众的欢迎并产生广泛的影响,值得戏曲文化工作者深入研究和总结。

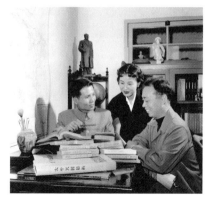

1964年,为了演好黄梅戏《宝英传》,严凤英和爱人王冠亚(左)以及王少舫一起研究太平天国历史,进一步把握人物性格(图片由陈精根提供)

中国戏曲艺术将中华民族的悠久历史和灿烂文化展示于小小的舞台之上,并通过角色形象的塑造、戏曲情节的打造、舞台冲突的展现,加以优美的戏曲唱腔身段,展示中华民族特有的文化基因,在带给人们感动、愉悦的同时,给人们以心灵的滋养和慰藉。作为地方戏曲剧种之一的黄梅戏,清朝中后期发源于皖、鄂、赣交界地区,受当时社会环境和地方文化因素等影响,它的发展和成熟也是时代和地域文化的产物,反映了皖、鄂、赣三省社会文化的演变过程，可以说是地域文化通过黄梅戏舞台艺术的形象展示。

本教材紧紧围绕黄梅戏的艺术特点，对黄梅戏从萌芽到发展成熟，最终形成自己清新质朴的艺术风格的基本过程，尝试进行较为系统的脉络梳理，对黄梅戏艺术基本常识进行介绍和宣传。为尽可能满足广大黄梅戏爱好者的实际需求，本教材在编撰的过程中，力求做到语言通俗易懂，同时兼顾专业性。希望这本教材能成为您的良师益友，也请业界的前辈老师多提宝贵意见，我们一起为黄梅戏艺术的美好明天贡献绵薄之力。

第一章 黄梅戏的形成

一、从民间小调到黄梅戏的雏形

与中国众多地方戏曲剧种的形成和发展一样,黄梅戏是带着当地的文化基因、时代的烙印,螺旋式地传承、发展起来的,是安徽省主要地方戏曲剧种之一,深受人们的喜爱。从历代流传下来的剧本故事、表演形式以及参与创作演出的艺人们身上,都可以找到那个时代的社会文化、人们生活状态的痕迹。

由于黄梅戏在形成初期留下的文字记载极为稀少,所以她的起源问题一直以来备受关注,许多专家学者经过详细论证,从不同角度提出了自己的论点论据。

其中有一种说法是:黄梅戏来源于一种叫作"采茶调"或者叫"黄梅调"的民间小调,它流行于皖、鄂、赣一带,以长江流域安庆地区为中心。人们用这种民间小调搬演故事,[①] 从最初自娱自乐原生态的载歌载舞演唱形态开始,经过"独角戏""二小戏""三小戏"等阶段,逐渐成为一个能够演出正本大戏的剧种。她在不同时期不同地域演出、流行,也有过不同的名称,如花鼓、二高腔、怀腔、府调、皖剧、徽剧等。

[①] 所谓"搬演故事"即指把文本或口头民间传说故事搬到舞台上演绎,现代人通常表述为"扮演"。"搬演故事"是自唐到明清时期,人们(包括文人)的惯用语,可在《中国戏曲志·安徽卷》中查证。参见《中国戏曲志·安徽卷》编辑委员会编:《中国戏曲志·安徽卷》,北京:中国 ISBN 中心,1993 年,第 440 页。

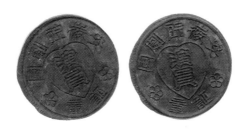

"安徽皖剧团"徽章,现藏于安庆市博物馆。安徽皖剧团于抗战前夕由安徽文化界或新闻界抗敌后援会牵头筹办。20世纪30年代,黄梅戏曾用名皖剧。(图片由张健初提供)

黄梅戏不同时期、不同名称的背后都带有其特定的文化基因和时代的烙印,这些在一定程度上对黄梅戏的发展和日臻完善都是一种滋养。比如从"采茶""怀腔""府调"这几个称谓中就可以看出安庆的方言、民歌等对黄梅戏的重大影响。

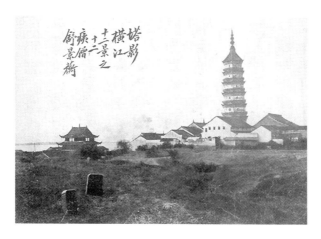

晚清安庆城,"怀宁十二景"之"塔影横江"。刊于1915年印行的《怀宁县志》(图片由张健初提供)

"一座安庆城,半部近代史。"据史料记载:安庆府与怀宁县曾经长期"府县同治一城",历史上的"怀宁十二景"在安庆城区和怀宁县境内。"自东晋义熙年间(405—418年)建县以来,至今已有1600多年历史;南宋景定元年(1260年),怀宁县城随安庆府迁至宜城(今安庆市),府、县同城而治长逾690年;清乾隆二十五年(1760年),安徽布政使司自江宁移至安庆府,府、县同城达190年,史称怀宁为安徽的'首府首县'。1950年,怀宁县城迁出安庆,定治石牌;2002年,县政府驻地由石牌迁往高河。"①也就是说,此前800多年,属府县同城而治。被统称为"怀腔""府调"的民间小调在以安庆为中心的区域,不断地融合、丰富、发展,逐渐成为"黄梅戏"。这一说法得到较多学者的认同。

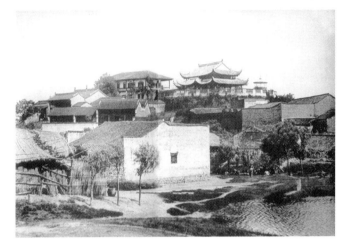

大观亭,日本摄影家山根倬三1910年前后拍摄。1950年前后,大观剧场(共和班)设于此,严凤英曾在此演出。(图片由张建初提供)

皖、鄂、赣一带山水相连,互通水陆,千百年来这里的人们喜歌、善歌、能歌。每年到了采茶打渔的季节,成群的劳动者在劳作时,为了减轻身体的疲劳,增加劳动时的乐趣,会唱出很多小腔小调。

这些劳动者自娱自乐的小腔小调,在不同的时期和不同的地区,曾经有过不同的称谓,比如有叫黄梅调或采茶调的,也有叫黄梅采茶调的。

---

① 钱续坤主编:《黄梅戏艺术(试用本)》,安庆:怀宁县地方教育读本(黄梅戏艺术)编委会,2012年,第4页。说明:"读秀"数据库中误将其标题写为《戏乡新声增刊》。

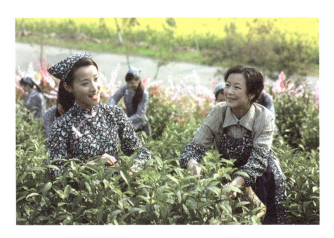

由周天虹、李伟导演的黄梅戏现代音乐电视剧《郎对花姐对花》获第二十八届中国电视"飞天奖"提名。图为村民采茶时对歌的剧照（图片由周天虹提供）

据载：乾隆四十九年（1784年），黄梅（县）遭受到一次严重的旱灾，乾隆五十年（1785年）又发生了一次大水，成群结队的灾民，拖儿带女，流浪到安徽宿松、望江、太湖和江西的湖口、九江一带。[①] 在逃荒的人群中，既有靠出卖廉价劳动力为生的人，也有一些能歌善唱、靠唱些小歌小调沿街卖艺谋生的人。他们唱的小调中就有"采茶调"，也有"莲厢""花鼓""道情""金钱板"等民歌，这些民间小调逐渐流传到安庆的石牌镇。[②]

石牌镇被称为"戏窝子"，那里曾经走出高朗亭等许多优秀的徽班演员。诸多包括采茶调在内的民歌小调，在与安庆地区的方言音韵等融合后，经过长时间的演唱，逐渐发展，成为黄梅戏自己的调式，如"开门调""观灯调""打猪草调""打豆腐调"，等等。

以下是我们现在经常看到的、也是大家最熟悉的黄梅戏传统花腔小戏之一《夫妻观灯》中的"开门调"和"开门调对板"。

---

① 安徽省艺术研究所：《黄梅戏通论》，合肥：安徽人民出版社，2000年，第10页。
② 陆洪非：《黄梅戏源流》，合肥：安徽文艺出版社，1985年，第12页。

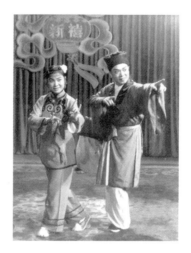

黄梅戏《夫妻观灯》剧照,严凤英饰演王妻,王少舫饰演王小六(图片由王小亚提供)

"开门调"是《夫妻观灯》中小六妻在开场亮相后唱的一段:

谱例1:[①]

正哪月十啊五闹哇元宵(呀呀子哟),火炮哇连天门哪前绕,(喂却喂却依喂却,喂却冤哪家舍呀嗬嗨),郎呀锣鼓儿闹嘈嘈哇。

"开门调对板"是王小六和小六妻,一个在门内、一个在门外对唱的唱段:

---

① 时白林:《黄梅戏唱腔赏析》,上海:上海音乐出版社,2013年,第55页。

谱例 2:①

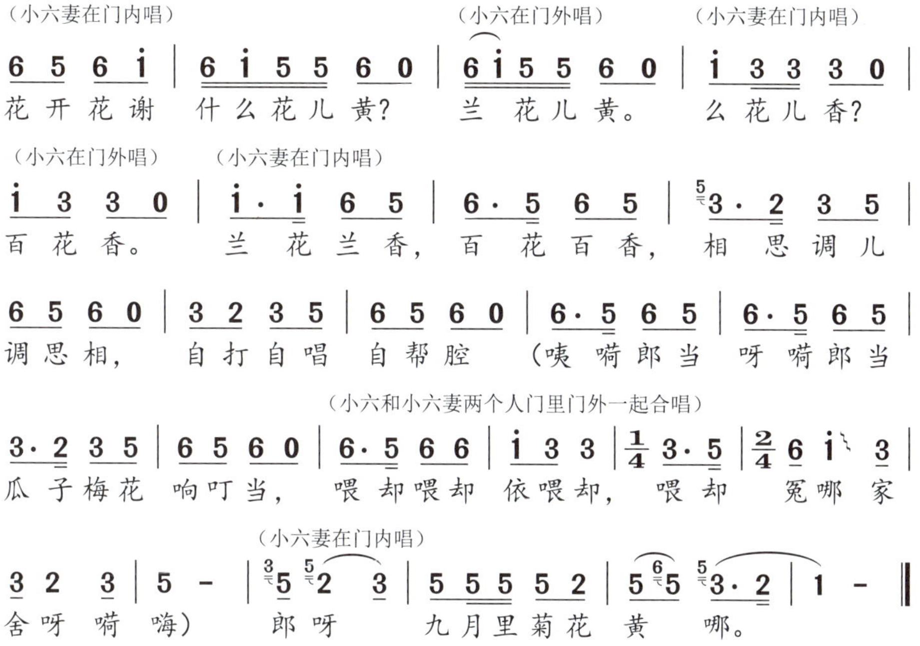

(小六妻在门内唱)　　　　　　(小六在门外唱)　　　(小六妻在门内唱)

花开花谢 什么花儿黄？　兰 花儿黄。　么花儿香？

(小六在门外唱)　(小六妻在门内唱)

百 花 香。　兰花兰香，百花百香，相 思 调儿

调思相，　自打自唱 自帮腔　(咦嗬郎当 呀嗬郎当

(小六和小六妻两个人门里门外一起合唱)

瓜子梅花 响叮当，喂却喂却 依喂却，喂却 冤哪家

(小六妻在门内唱)

舍呀嗬嗨）　郎呀　九月里菊花黄 哪。

"开门调"和"开门调对板"，属于黄梅戏主要唱腔之一的"花腔"。

再比如"闹元宵调"。"闹元宵调"是在小戏《打豆腐》中王小六和小六妻磨豆子时唱的：

谱例 3:②

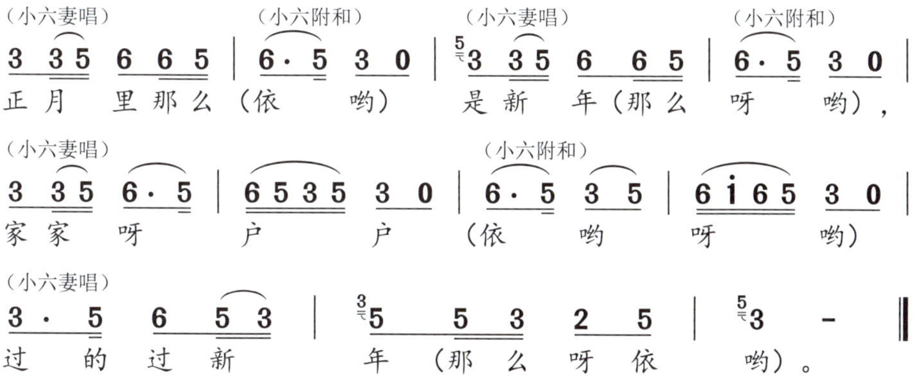

(小六妻唱)　　　(小六附和)　　　(小六妻唱)　　　(小六附和)

正月 里那么 (依 哟) 是新 年 (那么 呀 哟)，

(小六妻唱)　　　　　　(小六附和)

家家 呀 户 户 (依 哟 呀 哟)

(小六妻唱)

过 的 过新 年 (那么 呀依 哟)。

---

① 时白林:《黄梅戏唱腔赏析》,上海:上海音乐出版社,2013 年,第 55~56 页。
② 时白林:《黄梅戏唱腔赏析》,上海:上海音乐出版社,2013 年,第 58 页。

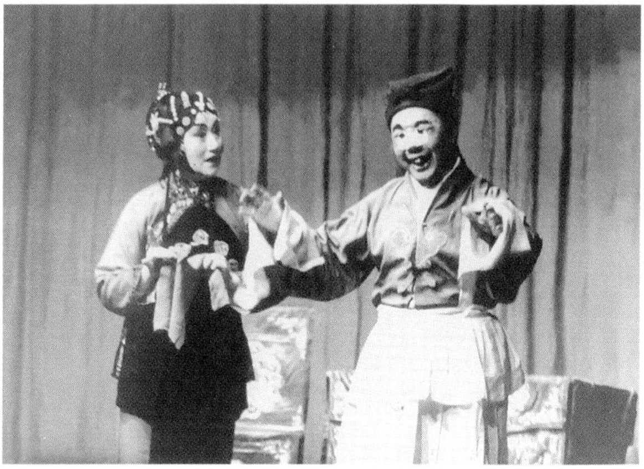

黄梅戏《打豆腐》剧照，彭玉兰饰演小六妻，丁紫臣饰演王小六（图片由丁普生提供）

还有“五月龙船调”“打纸牌调”“补背褡调”“椅子调”“纺线纱调”，等等。

谱例4：

五月龙船调①

（《点大麦》小旦、小丑同唱）

1=♭E $\frac{2}{4}$

胡遐龄 演唱

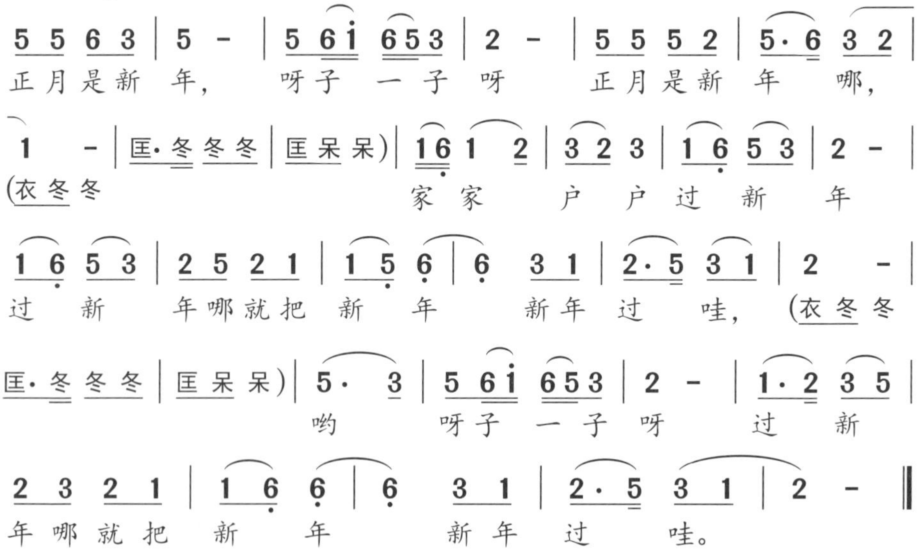
正月是新年，呀子一子呀 正月是新年哪，
(衣冬冬 匡·冬冬冬 匡呆呆) 家家户户过新年
过新年哪就把新年新年过哇，(衣冬冬
匡·冬冬冬 匡呆呆) 哟 呀子一子呀 过新
年哪就把新年新年过哇。

---

① 时白林：《黄梅戏音乐概论》，北京：人民音乐出版社，1993年，第105～106页。

从清乾隆年间开始,以民间小调为基础的"莲湘""花鼓""道情""金钱板"等歌舞表演或说唱形式,在安徽多地流行甚广,这些民间小调在安徽一带统称为"黄梅采茶调"。后来"黄梅采茶调"逐渐与江西民间的"花灯""高腔"等表演形式相结合,形成一种民间小戏,这便是黄梅戏的雏形。①

二、从草台班子到堂会演出

据专家考证,大约从清道光年间开始,黄梅戏逐渐传入以石牌为中心的安庆地区,这种来自民间的歌舞、说唱、演出形式保持着"闲则艺、忙则农"的形态,主要在田间地头演唱。演出团队以家庭成员为主,属于业余或半职业式的演戏班子。那时唱戏只要有观众,有一块相对平坦的地方,哪怕是在田埂上,观众一围起来,就开始表演。这种表演被称为"围子戏"。

这些班社多则十几人,少则五六人,表演的场地十分简陋,没有固定的演出地点。在人员比较容易聚集的地方,找一块相对平整的场地,在场地上竖起两根柱子,柱子上悬挂一个吊灯用于照明,这里就变成了表演的舞台,这种演出场景被称为"草台"。②

这种被统称为"草台"的舞台四通八达,三面可以看戏,搭起来容易,撤掉也不费力。还有一种演出形式俗称"抵板凳头子",就是少数几个人被邀请到人家堂屋里坐在板凳上清唱。这种演出形式也被叫作"唱堂会"。

在"草台"演出时期,音乐伴奏只有简单的打击乐器,这种演出形态叫作"三打七唱"。所谓"三打七唱",就是由两三个人操作打击乐器,再由三五个人因地制宜出场或唱或演,这两三位操作打击乐器的人兼帮

---

① 田可文:《安徽音乐文化的历史阐释》,合肥:安徽文艺出版社,2018年,第95页。
② 此处参考两本著作,分别是:时白林:《黄梅戏唱腔赏析》,上海:上海音乐出版社,2013年,第2页;王长安主编:《中国黄梅戏》,合肥:安徽文艺出版社,2009年,第42页。

腔。这种演出形态因戏班人员集中,演出行头、道具简单,便于流动,在皖、鄂、赣三省边界一带流行了很长一段时间。

黄梅戏进入城镇后,这些非职业性演出班子的演出以唱灯戏、唱赌戏、唱堂会、唱喜戏为主。每逢节日或农闲时,这些戏班子也常被农民凑钱请去表演,成为当地人农闲时主要的娱乐活动之一。

黄梅戏诞生之初,来自乡村,演出形式为插科打诨,演出内容大部分来自现实生活,虽接地气,却为正统文化所不容,被视为淫词浪曲而遭禁绝。当时的官府为了阻止这些戏班子的演出,就以"花鼓淫戏,有伤风化"为名进行打压。如《皖优谱》就说它"戏极淫靡",又"不用以酬神,官府往往严禁搬演",因为群众十分喜爱,艺人们出于爱好和谋生的需要,也常常择机演出,顽强地保护自己。① 清光绪五年(1879年),"黄梅调"首次见诸文献,1879年10月14日的《申报》(第2319

《申报》1879年10月14日2版和1892年5月24日2版

---

① 安徽省艺术研究所:《黄梅戏通论》,合肥:安徽人民出版社,2000年,第60页。

号),以《黄梅淫戏》为题,报道了黄梅调在安徽省会安庆北关外演唱的情况,并呼吁查禁。辛亥革命后,因军阀混战,农村经济进一步被破坏,安庆周边地区的一些农民、手工业者涌进市区谋生,他们有的本来就是演唱黄梅调的能手,在这种情况下,黄梅调开启了走向城市的历程。①

1926年安庆人金老三(演小生行当),带着戏班子在桐城、怀宁等安庆周边县城的乡间演唱。班子里有丁永泉(演小旦行当)、曹祥甫(演小生行当)、丁和寿(演小丑行当),因为他们演得非常好,所以名声很响。安庆市的一部分小商贩建议他们到安庆城里去演出。进城以后,因为没有固定演出场所,无法公开演唱,只得分散开来,三个、两个地到人家堂屋里去唱"板凳戏"(只是坐在板凳上唱,或少带一些手上幅度不大的小动作,如《纺线纱》《蓝桥汲水》等小戏)。对于这种情况,艺人们是不甘心的。"这一年的冬天,有爱好黄梅戏的厨师葛大祥租了安庆市吴越街中心旅馆二楼,让他们登台演唱。这是黄梅戏进入城市后,第一次在舞台上与观众见面。"②

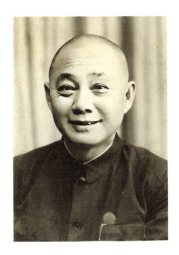

黄梅戏老艺人丁永泉(图片由时白林提供)

---

① 王秋贵、王欣:《采茶歌——黄梅戏史料辑录》,载《黄梅戏艺术》,2018年第4期,第56~63页。
② 田黎明、刘祯主编:《二十世纪戏曲学研究论丛戏曲剧种研究卷》,合肥:安徽文艺出版社,2015年,第212页。

据史料记载,1934年,安庆大旱,到处是饥荒,丁永泉、田德胜、柯三毛、查文艳等艺人将戏班子带到上海演出。1937年,丁永泉一班人马又从上海返回安庆,经常在安庆的乡间演出。1938年冬天,丁永泉等人再次到安庆城区与京剧演员王明山(王少舫先生的父亲)一起合作演出,当时人称"京黄合演"。在《黄梅戏通论》一书中,对黄梅戏艺人跨界表演有这样的表述:"早期的黄梅戏与其他剧种合班或同台的情况极为普遍","黄梅戏不但与京剧合班,还与当时活跃在安庆地区的其他先辈剧种合班"。与其他剧种合演,极大地提高了黄梅戏艺人的表演水平,同时也丰富了黄梅戏的剧目内容,使黄梅戏在20世纪30年代中后期逐渐在城市生根发芽。①

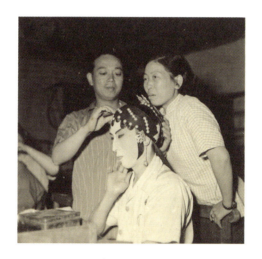

王少舫与夫人雪寒梅为老艺人潘泽海梳妆(图片由陈精根提供)

三、从"独角戏"到"正本戏"

早期的黄梅调艺人,为了生存从农村来到城市,在城市演出被称作"淫戏"而遭到禁演,艺人们曾被驱赶,有的甚至被关押坐牢。在这种情

---

① 安徽省艺术研究所:《黄梅戏通论》,合肥:安徽人民出版社,2000年,第55页。中国人民政治协商会议安徽省委员会文史资料研究委员会编:《安徽文史资料选辑第3辑》,1982年,第143页。

况下，为了生存他们只得辗转于乡村，之后又再次来到城市。从第一次在城市演出，到慢慢有了固定的演出场所，演出由业余演变成职业继而走向专业化。黄梅调艺人在这样的曲折辗转中，不仅顽强地生存了下来，而且不断地汲取养分得以发展壮大，终于在城市生根发芽。

从农村到城市几经辗转，在长期的演出过程中，黄梅调不断受到多个剧种的影响，其曲调和演唱方法以及舞台表演、剧本故事等都发生了变化。以演出剧目为例，最初黄梅调演出是一个人演唱的"独角戏"，后来发展到两个人物的演唱表演。表演人物增加了，故事随即丰富了，自然就有了舞台调度和人物对话（对白），形成了"两小戏"。随着剧情的扩展、剧中人物的增加，又形成了"三小戏"。随着演出的剧本故事、人物角色以及舞台表演的不断丰富，"正本大戏"也就逐渐形成了。不断扩大的演出规模及不断成熟的艺术形式，为形成黄梅戏这个剧种打下了基础。黄梅戏如一粒落在大地上的种子，在适合其生长的环境中，一点点地长成了茂盛的大树，逐渐形成了独特的剧种风格。

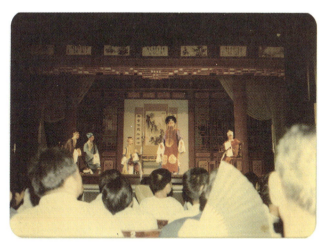

安庆市黄梅戏三团演出《双玉蝉》剧照（图片由汪金才提供）

1."独角戏"

所谓"独角戏",顾名思义就是自始至终由一个演员扮演一个角色的戏。比如《苦媳妇自叹》,就是由一个旦行演员扮演一个小媳妇的角色,这个角色(小媳妇)在台上(表演区)或坐,或站,一句一句地唱,从几句一段,到几十句一段,甚至上百句一段,唱词内容主要是诉说自己是一个苦命的媳妇,自从嫁到婆家后,从早到晚如何受婆婆折磨,生活是如何的辛苦,等等。整场表演几乎没有什么身段动作和舞台调度,观众其实就是"听"戏。

2."两小戏"

"两小戏"比"独角戏"发展了一步。"两小戏"由两个角色表演,一般来说,比"独角戏"增加了一个丑行角色。比如《打豆腐》是由一个旦角(小六妻)和一个丑行(王小六)来演的。我们现在看到的《打豆腐》是中华人民共和国成立后改编过的,改编前的《打豆腐》剧情简单,其中还有许多比较低俗的道白,表演也是属于插科打诨自由发挥式的。还有《打猪草》《夫妻观灯》《瞎子算命》等,都是黄梅戏经典的"两小戏",至今依然深受观众喜爱。

与"独角戏"相比,"两小戏"的故事情节要完整许多,又因为一个故事中有两个相关的人物,自然就产生了戏剧性的对白和舞台调度。和"独角戏"一样,"两小戏"表演的时长视当时情景而定,可长可短。

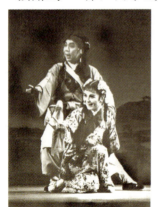

黄梅戏《打猪草》剧照,严凤英饰演陶金花,丁紫臣饰演金小毛(图片由王小亚提供)

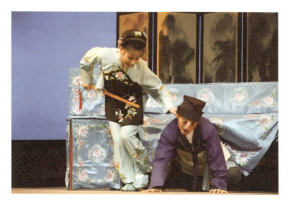

黄梅戏《打豆腐》剧照，丁飞饰演王小六，江霞饰演小六妻（图片由丁飞提供）

3."三小戏"

比起"两小戏"，"三小戏"在小旦①、小丑②的基础上又增加了一个小生③的角色行当。比如《游春》。《游春》这出戏演的是一个名叫吴三保的书生，在一个草长莺飞的春天踏青游玩，与同样在游春的少女赵翠花相遇，两人一见钟情，互换了定情信物。赵翠花回到家后对吴三保相思成疾，最终在媒婆王干妈的帮助下，和吴三保"有情人终成眷属"。《游春》的角色中，媒婆王干妈是彩旦（女丑）④，吴三保是小生，赵翠花是小旦。

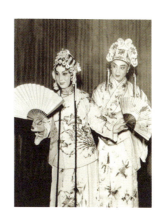

黄梅戏《游春》剧照，严凤英饰演赵翠花，王少舫饰演吴三保（图片由王小亚提供）

"三小戏"也不全是由小旦、小丑、小生三个角色行当组成的戏，而是根据戏的内容确定角色，比如《推车赶会》。《推车赶会》这出小戏演的是：在一个叫

---

① 旦行，指舞台上的女性形象。旦行分为青衣、花旦、刀马旦、武旦、老旦、花衫等行当。
② 丑行，俗称"小花脸"，扮演的角色既有阴险狡诈的人物，也有正直善良的形象。丑行分为文丑、武丑、男丑、女丑，女丑也叫"彩旦"。
③ 小生，指戏曲舞台上的少年男性。一般分为：娃娃生、穷生、扇子生、纱帽生、翎子生等行当。
④ 彩旦：戏曲行当名。属丑行兼工。在舞台上专门扮演滑稽、丑陋、风趣的女性角色。参见余汉东：《中国戏曲表演艺术辞典》，北京：中国戏剧出版社，2006年，第11页。

张家湾的地方,有一个聪明伶俐的女孩叫张二妹,她与同村的青年余老四相爱。在一个赶会的日子里,余老四叫来了同村另一个小青年刘老三,一起推着小车来接张二妹去赶会。一路上张二妹坐着余老四和刘老三推的车,心中非常高兴,于是唱着歌,用歌声与余老四传递爱意。刘老三看着他俩的样子,忍不住开起了玩笑,一路上三个人欢笑声不断。《推车赶会》这出小戏的舞台表演和道具设计都非常巧妙:运用戏曲艺术的虚拟性,用两根木棍和画着图案的布,制作了道具"三轮车",大大地便利了演员的表演。刘老三跟张二妹和余老四开玩笑时,一会儿把车推得飞快,一会儿上坡一个不小心,车子差点颠翻,吓得张二妹不知所措。看着张二妹惊魂未定的样子,余老四不断地安慰着张二妹,而刘老三在一旁好不得意。余老四和张二妹知道是刘老三有意开玩笑,责怪刘老三,刘老三一边赔着不是一边又叫冤,观众看着会心一笑。在车子颠簸的过程中,表演上设计了许多看似惊险实则风趣幽默的肢体动作,丰富了黄梅戏小戏舞台表演艺术,生动地展现了当时的青年人幸福快乐的生活。小戏有惊无险的动作,观众看得津津有味,年轻人的欢快和幸福感染着观众。

《推车赶会》的人物角色就是由一个小旦(小花旦)和两个生行组成,没有丑行。

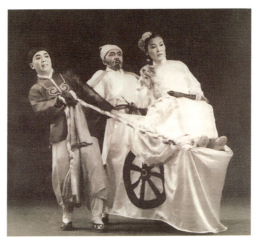

黄梅戏《推车赶会》剧照,王少舫饰演余老四、丁紫臣饰演刘老三、王少梅饰演二妹(图片由陈精根提供)

"三小戏"依然以表现农民和手工业者的生活为主要内容,虽然它只比"两小戏"多了一个角色行当,但从人物角色、故事情节、表演形式等各个方面来看,都比"两小戏"进步了许多。

4."本戏"

相对于小戏而言,"本戏"的剧本故事、人物行当更加完整。一出本戏有时不一定一次(一个晚上)就能演完,比如黄梅戏经典大戏《女驸马》在改编之前分为二十几折,需要三个晚上才能演完。

一台完整的本戏相对于小戏剧本情节要复杂得多,角色行当也要多些。学者一般认为黄梅戏正本大戏是在咸丰年间(1851—1861年)开始出现的,到20世纪初叶时已经积累了较多的本戏剧目,俗称"大戏三十六本"(实际数目不止此数)。

"孕育生发于长江中游安庆的黄梅戏,乃戏曲'大家族'中佼佼者,是中华大地戏曲百花丛中一株婷婷玉立的初放鲜花。黄梅戏源于黄梅采茶调。清乾隆五十年(1785年)左右,在安徽、湖北、江西毗邻农村流行采茶歌(亦称采茶调),因民间社会交往,流传于安庆地区,与多种民间艺术结合,形成民间小戏。清咸丰时期(1851—1861年),黄梅戏开始演出'本戏'(大型剧目)。辛亥革命后,黄梅戏在京剧鼻祖程长庚故里、素享'戏曲之乡'美名的安庆府怀宁县一带植根,老艺人们带着这些剧目走南闯北,同时又在不断创作、移植改编新的剧目,在一个时期内还曾经出现过连台本戏。他们在谋求生计的同时也发展、壮大了黄梅戏艺术。"[①]

在《中国黄梅戏》一书中有这样的记述:"20世纪20年代末期,在上海南市已集聚了桐城、怀宁一带的手工业者和小商贩七百余人,大多是做裁缝、做毛笔、敲白铁、卖馄饨的。其中有些人原在家乡就能唱几出黄梅戏,来到上海,常在工余时间,拿筷子敲脸盆唱了起来。大家客居外地,听到家乡戏感到分外亲切,你唱我学,会唱的人越来越多。到1931年已从座唱发展到演唱小

---

① 王志艳、张杨主编:《徽商文化走进安徽文明》,哈尔滨:黑龙江人民出版社,2006年,第85页。

型剧目,如《山伯访友》《陈氏下书》等本戏中的单折。经常演出的地点是'张文元堂'笔店。这家笔店开设在上海小南门海潮路,老板张楷模是桐城练潭人。店里一百多位工人几乎也都是桐城人(后来成为黄梅戏著名老生演员的张云风当时就在这家笔店做学徒)。"

"张楷模和他的妻子都喜欢黄梅戏,热情支持业余演唱活动,常常在笔店的大厅搭起简易舞台,让店里的工人和附近做工的乡亲登台演唱。这批业余演员中以花旦丁华清(怀宁县丁家嘴人)和青衣张先进(怀宁县高河埠人)会的戏最多。他们当时在上海做裁缝,后来都成了黄梅戏职业演员。业余演出,剧目有限,水平不高,不能满足观众要求。张楷模就叫张先进写信回到家乡邀请黄梅戏的职业演员来上海,应邀前来的是高河埠的一个半职业班社,演员和操打击乐者共只有八个人。其中有查振清(青衣)、查振二(小生、小丑)、张先哲(老生)、张四(花旦)……他们是1933年春节前到上海的,这年农历正月初一正式演出,剧目是《珍珠塔》。他们先是在江北大世界演唱,后来转移到小沙渡,因这一带纱厂里有不少安庆的同乡。"[1]

上述文字里包含了有关当时黄梅戏演出的时间、地点、演员、行当及剧目,是我们了解黄梅戏发展历史非常宝贵的资料。

从最初的民间小调,到歌舞并重的"独角戏""二小戏""三小戏",又发展到"正本戏",从唱"灯戏""会戏""草台戏"再到走进剧场舞台演出,黄梅戏与中国其他戏曲剧种一样,跟着时代的步伐,一步一个脚印地向前推进。一路走来,黄梅戏的发展饱含了一代代艺人的艰辛不易,从流传的作品中我们能窥见艺人们当年的智慧和风采,以及他们对黄梅戏的情有独钟。

---

[1] 王长安主编:《中国黄梅戏》,合肥:安徽文艺出版社,2009年,第81页。

第二章　黄梅戏发展的基本历程

一、从"三打七唱"到胡琴伴奏

黄梅戏是在原生态民间歌舞的基础上不断发展起来的。其早期以草台演出为主，班底十分简陋，乐队只有最简单的几种打击乐器在演唱时进行伴奏，没有弦乐。参与演出的只有三五个人或六七个人，演出内容和表演形式几乎完全是生活化的。这种早期简陋的演出形式通常被称作"三打七唱"。

所谓"三打"，就是用三种打击乐器进行伴奏（板鼓、大锣、小锣）。板鼓其实是两件乐器，由左手控制打节奏的板、右手或两手同时控制特制的皮鼓。当时"三打七唱"式的黄梅调演出在乡间非常受观众喜爱。今天，在民间一些黄梅戏演出中，我们依然可以看到：演员演唱音乐伴奏部分，是将伴奏带通过音响播出，打击乐队则由乐师把板鼓、大锣、小锣按个人演奏的习惯，有序地固定在一个木架上，为演员打节奏、配锣鼓，成为"一个人的打击乐队"。

所谓"七唱"的"七"是一个概数，在演"独角戏""两小戏"时期，大部分演出班底参加演出的人只有六七位，"三打七唱"就是在那个时期。[①]

锣鼓类的打击乐器发出的音调是固定的调高，每场演出由打击乐的开场锣拉开架势。在一段开场锣鼓之后，演唱者根据各自的嗓音条件，

---

① 时白林：《黄梅戏音乐概论》，北京：人民音乐出版社，1993年，第4页。

在允许的范围内,各唱各的调,各哼各的曲,各用各的腔。同台演员表演一出戏会出现唱几个音调的状况,这样的演出情形在今天看来,简直就是一件不可思议的事。

从20世纪30年代开始,黄梅戏为了适应城市演出的需求,加上这期间不断有徽剧、京剧艺人与黄梅戏班子合班演出,有艺人尝试着用京胡①为黄梅戏演员在演唱时定个调,以便统一一台戏演唱的调门,起腔、间奏、过门、尾奏等仍然由锣鼓完成。那时这种尝试时断时续,未固定下来。据陈精根讲述:黄梅戏表演艺术家王少舫曾经是京剧演员,有着过硬的京剧功底,当年他演黄梅戏时就初步尝试着请他的京剧琴师小喜子用京胡在锣鼓过门后给一个音,然后又尝试托腔,这些做法很快得到了黄梅戏艺人们的认同,从此黄梅戏的其他演员也开始慢慢地学着用京胡托腔了。观众对黄梅戏用京胡伴唱的做法开始是好奇,后来也就逐渐习惯了,还专门送给王少舫老师一个绰号——"京托子"。②

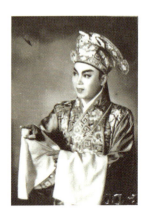

王少舫青年时期剧照(图片由陈精根提供)

那时作为京剧演员的王少舫,还有部分加盟到黄梅戏演出团队中来的其他京剧演员,与黄梅戏演员同台合演黄梅戏,舞台上的表现非常精

---

① 京胡,拉弦乐器,胡琴的一种,主要用于京剧伴奏。吴同宾编:《京剧知识手册》,天津:天津教育出版社,2005年,第148页。
② 安徽省艺术研究所:《黄梅戏通论》,合肥:安徽人民出版社,2000年,第321页。

彩。对这种合作演出,观众给了一个专门的称谓叫"京黄合演"。

关于"京黄合演"还有另一段记载:20世纪30年代,由于战事突发,一些没有来得及撤出安庆的京剧艺人被困在安庆城内,无法进行正常的演出活动。当时,黄梅戏深受安庆观众的喜欢,为了生存,这些京剧演员就只好搭班到黄梅戏班社里演出,演出时京剧演员用京腔唱着黄梅戏,念的是安庆的话白,观众也能接受,人们把这种合作演出称作"京黄合演"。"黄梅戏的道白有两种:韵白、小白。韵白基本上学自京剧,小白现在被公认为是安庆话(即安庆市区的语音语调)。"①

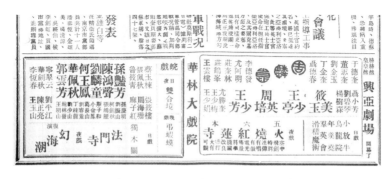

1940年2月26日《安庆新报》戏剧广告

"'京黄合演'是抗战时期的产物,1945年以后这种形式不复存在。黄梅戏艺人已深感要想使自己的剧种兴旺发达,使用旋律乐器伴奏是不可缺少的迫在眉睫之事,这时他们找到了安庆一位会拉京二胡的王文治。王入班后苦心钻研,博采众长,几年工夫就成了黄梅戏二胡演奏中的佼佼者。之后又改为高胡,成为黄梅戏伴腔的主奏乐器。高胡的演奏风格,基本上是形成于王文治之手。王文治既是黄梅戏二胡演奏的高手,又是著名的黄梅戏作曲家。"②

曾为京剧戏班操琴的王文治于1945年正式加入黄梅戏伴奏和音乐创作行列,王文治有较好的演奏功底和作曲能力,他发现黄梅戏在演唱

---

① 朱恒夫主编:《中华艺术论丛3》,上海:上海辞书出版社,2004年,第184页。
② 时白林:《黄梅戏音乐概论》,合肥:安徽大学出版社,2022年,第248页。

过程中缺乏音乐过门,就根据原锣鼓过门节奏,编创了一些弦乐过门,从此在演唱过程中改变了单纯用锣鼓伴奏的方式。增加了过门的黄梅戏乐曲又有了一次飞跃。这些音乐过门一直沿用至今。

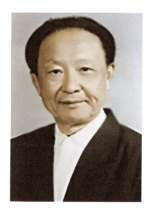

黄梅戏作曲家王文治(图片由王文治家人提供)

中华人民共和国成立初期,在党和政府的关怀扶持下,安庆先后成立了职业剧团,其中就有"民众黄梅戏剧团""胜利黄梅戏剧团"。①

"安庆市胜利、民众黄梅戏剧团同时组建于1949年4月。它们是著名黄梅戏表演艺术家严凤英、王少舫成名的母团,是黄梅戏梅开一度升起的地方,是把黄梅戏剧种、演出、人才推向全国的奠基石。"②

为配合当时宣传土改、抗美援朝、新婚姻法等活动,剧团先后排演了一批现代戏和移植的古装戏,王文治除在胡琴伴奏等方面继续探索以外,在声腔方面也开始了大胆而慎重的改革尝试,这对黄梅戏音乐及乐队的进步起到了重要的作用。

---

① 1949年,民众黄梅戏剧团与胜利黄梅戏剧团在安庆成立,前者主要由丁永泉、戴宝龙、潘泽海、王文志、丁翠霞、丁紫臣等知名艺人组成,后者主要由桂月娥、桂春柏、陈丙炎、胡玉兰、查文艳、柯三毛等知名艺人组成。参见安庆黄梅戏剧院编著:《黄梅戏起源》,北京:中国戏剧出版社,2018年,第76页。

② 韩笑龙:《黄梅戏奠基石——胜利、民众剧团》,载《黄梅戏艺术》,2021年第2期,第76~79页。

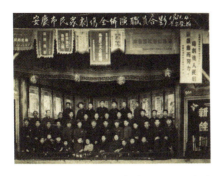 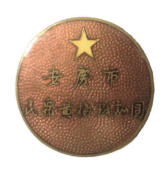

左图:民众黄梅戏剧团珍贵合影(第二排右六是王少舫,图片由陈精根提供);右图:安庆市民众黄梅戏剧团证章(图片由张孝荣提供)

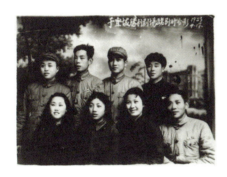 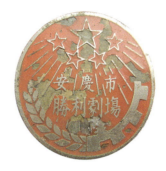

左图:1953年严凤英离开安庆时与同事合影,前排右起:邹胜奎、严凤英、周艳霞、童美萍,后排右起:江昆山、陈九如、谷友元、刘和九(图片由王小亚提供);右图:安庆市胜利剧场证章(图片由张孝荣提供)

王文治一生编创了许多脍炙人口的黄梅戏唱腔,其中有一段最终蜕变成闻名海内外的唱段——《谁料皇榜中状元》。

1952年前后,为排演移植本《白蛇传》,王文治以"撒帐调""开门调"为基础,编创了一首名为《花好月儿圆》的曲子,这首曲子旋律欢快跳跃,优美动听。1958年,作曲家方集富为舞台剧《女驸马》谱曲时将该曲整理后命名为《为救李郎》,1959年《女驸马》被拍成电影后,《为救李郎》改名为《谁料皇榜中状元》。[①]《谁料皇榜中状元》这一段唱腔突出表现了冯素

[①] 时白林:《黄梅戏唱腔赏析》,上海:上海音乐出版社,2013年,第69页。

珍女扮男装得中状元时得意欢快的心情。在电影中，严凤英老师的演唱炉火纯青，表演惟妙惟肖，把冯素珍这个人物演活了。《谁料皇榜中状元》这段唱腔家喻户晓，大家都喜欢听也爱唱。

谱例5：

花好月儿圆①

（《白蛇传》许仙唱段）

移植本　词
王文治　曲

（曲谱略）

菱花镜照容颜美如天仙，拿一朵红绒花斜插鬓边。蛾眉淡扫增容颜，夫妻恩爱花好月儿圆（哪）。

　　早期的黄梅戏艺人们在演出时不断地进行大胆的创新和积极尝试，大家探索着，如何在演出中进行音乐伴奏，在表演上进行借鉴改进，让黄梅戏曲调唱得更动听，演得更好看。一代代艺人不断地探索和创新为今天的黄梅戏艺术的蓬勃发展奠定了良好的基础。严凤英、王少舫等前辈艺术家对艺术创作精益求精的风范，令人敬仰，值得我们好好学习。

二、电影《天仙配》对黄梅戏的传播影响

　　在电影《天仙配》拍摄之前，黄梅戏虽然深受皖、鄂、赣一带观众的喜

---

① 徐高生主编：《中国黄梅戏唱腔集萃》上卷，苏州：苏州大学出版社，2014年，第99页。

爱，但还没有被更多地方的人熟知，能走出安徽、享誉全国乃至深受全世界尤其是东南亚地区观众的喜爱，转折点是1952年7月在合肥举办了"全省暑期艺人训练班"。

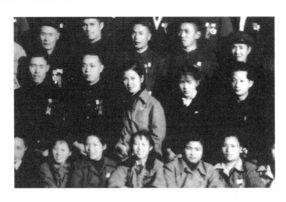

1954年华东区戏曲观摩演出大会合影中的王少舫与严凤英（二排左二、左三，图片由王小亚提供）

这次训练班集中了全省戏曲曲艺艺人共365名，其中黄梅戏的老艺人和中青年演员有丁永泉、王剑锋、严凤英、王少舫、潘璟琍、王少梅等。训练班举办期间组织了全省各主要剧种中有代表性的艺人进行展演。"尽管早在20世纪30年代黄梅戏就曾经赴上海演出过，但是直到1952年，黄梅戏的影响还仅仅局限在安庆一带。当年夏天在合肥举行的安徽省暑期艺人训练班组织了黄梅戏演员严凤英、王少舫和泗州戏演员的专场演出，首次引起全省文艺界的关注，并得到华东行政委员会文化部来宾的赏识，被邀请赴上海演出。同年11月，安徽省文化局组织安庆的'民众''胜利'两剧场黄梅戏民间职业班社演员和蚌埠的泗州戏剧团联合成立赴华东观摩演出团，在上海大众剧院演出了黄梅戏《打猪草》《补背褡》《蓝桥会》《路遇》《柳树井》《新事新办》和泗州戏《小女婿》等，受到上海文艺界人士的高度关注和热情支持，多家上海报刊发表文章评论主演严凤英、王少舫等人的表演艺术，从而使偏于一隅鲜为外界所知的安徽地方小戏黄梅戏开始在省内外崭露头角,赢得好评。"①

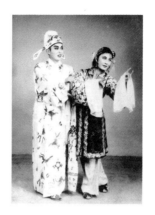

黄梅戏《蓝桥会》剧照,严凤英饰演蓝玉莲,王少舫饰演魏魁元(图片由陈精根提供)

  这些黄梅戏剧目的上演在全省引起了强烈反响,许多人是第一次看黄梅戏,一下子就深深喜欢上了这个不知名的小剧种。严凤英、王少舫的《游春》以曲调生动、舞姿优美、剧情感人令业界同行赞不绝口。王少舫、潘璟琍、丁永泉、张云风等演出的《梁山伯与祝英台》以其丰富多彩、风格优美的唱腔使同行为之折服!

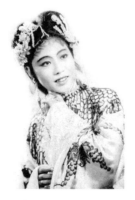

潘璟琍饰演祝英台剧照(图片由周珊提供)

  通过这次训练班的学习和在此期间的交流演出,大家惊喜地发现了

---

① 王长安主编:《安徽戏剧通史》,合肥:安徽教育出版社,2010年,第324页。

安徽竟然有黄梅戏这样一个小剧种,这个小剧种还有这样一批优秀的演员。严凤英、王少舫更是引人瞩目。在训练班学习结束前,华东戏曲研究院组织一部分同志来合肥看戏,其中有昆曲《十五贯》的改编者陈静,越剧《梁山伯与祝英台》的改编者徐进,他们看到黄梅戏参演的剧目后,被黄梅戏清新活泼且带有浓郁民间艺术特色的演唱所吸引,热情地赞扬了黄梅戏和当时的演员们。回沪后,他们就向有关方面提出建议,将黄梅戏这个剧种安排到上海演出。

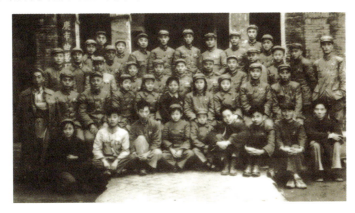

"安庆市文艺界欢送安徽省黄梅调赴沪演出临时剧团"合影照(图片由郑文生提供)

同年11月,安徽的黄梅戏与泗州戏应邀到上海演出,此次来上海演出的团队引起了华东区和上海市有关领导与当地文艺界的重视并得到了热情接待,演出团队被安排在当时上海最好的剧场"大众剧院"演出。当时上海各报都用了很大版面刊载了评价文章。有人说:"相信只要上海的观众们一看到他们的演出,一接触到那种从群众中间培养滋长起来的,带着纯朴健康的泥土气息、洋溢着劳动人民生动活泼、热烈情操的精彩剧目,一定会欣喜若狂的。"[①]

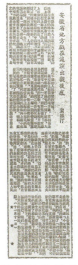

1952年11月15日
《大公报》贺绿汀盛赞黄梅戏的文章

---

① 王长安主编:《中国黄梅戏》,合肥:安徽文艺出版社,2009年,第128页。

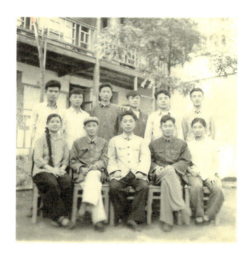

1959年欢送丁紫臣赴安徽省黄梅戏剧团时留影。前排左起：赵翠花、陈效果、丁紫臣、刘广泰、吴小芳；后排左起：吴功玉、黄代善、吴炳炉、程学勤、周世贵、马兆旺（图片由张孝荣提供）

黄梅戏的这次演出轰动了上海，一夜之间，黄梅小戏《打猪草》中的"呀子依子哟"响遍了上海滩。

黄梅戏在上海的演出成功，使安徽省的领导更加重视她的发展。在安徽省委的关怀下，1953年，安徽省黄梅戏剧团在合肥成立。安徽省黄梅戏剧团先后集结了丁紫臣、严凤英、王少舫、潘璟琍、时白林、王兆乾、王冠亚等许多当时最优秀的黄梅戏人才，一些经验丰富的琴师、司鼓等艺人也被吸纳进来。有了这样一代优秀黄梅戏人的共同努力，加上时代和机遇的促成，黄梅戏在这个时期取得了飞速发展。

1954年9月，在华东区戏曲观摩演出大会上，黄梅戏再次引起轰动。人们对黄梅戏《天仙配》《打猪草》《夫妻观灯》《砂子岗》《推车赶会》给予了极大的赞扬。

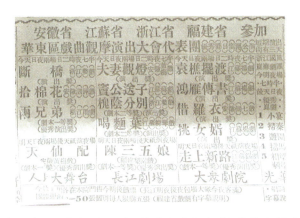

安徽省、江苏省、浙江省、福建省参加1954年华东区戏曲观摩演出大会代表团优秀剧目留沪公演节目预告(报纸局部)

在这次汇演中,黄梅戏获得了多项奖励:《天仙配》荣获剧本一等奖、优秀演出奖、导演奖、音乐演出奖。《打猪草》荣获剧本二等奖。严凤英、王少舫、潘璟琍荣获演员一等奖。张云风、胡遐龄荣获演员二等奖。丁紫臣荣获演员三等奖。老艺人丁永泉、王剑锋和演员桂月娥获得了"奖状",王文治荣获乐师奖。[①]

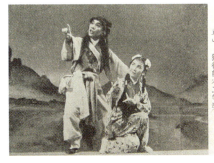
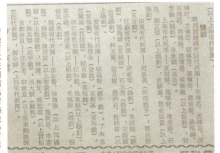

安徽省代表团参加1954年华东区戏曲观摩演出大会演出的黄梅戏《打猪草》,获得剧本二等奖(图片由王小亚提供)

这一次演出给黄梅戏带来了走向全国乃至走向世界的机遇——拍摄电影《天仙配》。

---

① 王长安主编:《中国黄梅戏》,合肥:安徽文艺出版社,2009年,第134页。

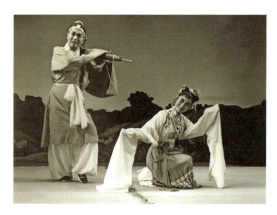

1954年华东区戏曲观摩演出大会上黄梅戏《天仙配·路遇》演出照,严凤英饰演七仙女,王少舫饰演董永(图片由陈精根提供)

电影《天仙配》于1955年由上海电影制片厂拍摄,1956年2月开始发行,截至1959年底在蒙古、新加坡、加拿大、新西兰等国家和中国香港、澳门地区正式发行。电影《天仙配》的成功上映引起了国内外观众的强烈反响,黄梅戏凭借其优美的唱腔、丰富的故事情节、精彩的表演,成功俘获了大批观众的心。

通过电影的发行与传播,带着泥土芬芳和乡土气息的黄梅音韵吹进了千家万户,人们记住了七仙女和董永,记住了严凤英和王少舫,记住了黄梅戏。电影《天仙配》成为黄梅戏传播发展历史中一部"里程碑"式的作品。

此后,《夫妻观灯》《春香闹学》《女驸马》《牛郎织女》也相继被搬上银幕,黄梅戏的受众面进一步扩大。

1963年在黄山探讨黄梅戏电影《牛郎织女》剧本,左起:金芝、岑范、时白林、严凤英、陆洪非(图片由时白林提供)

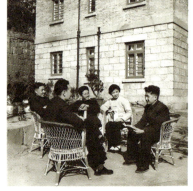

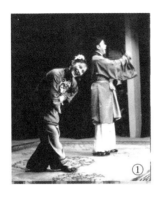
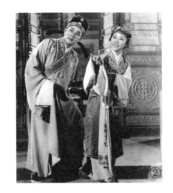

①黄梅戏电影《夫妻观灯》剧照(1955年,图片由王小亚提供)
②黄梅戏电影《春香闹学》剧照(1958年,图片由周珊提供)

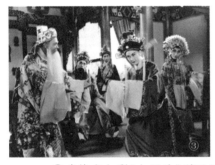
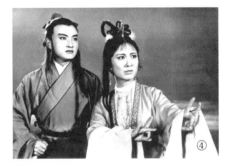

③黄梅戏电影《女驸马》剧照(1959年,图片由王小亚提供)
④黄梅戏电影《牛郎织女》剧照(1963年,图片由王小亚提供)

为了培养更多专业素质高能力强的职业黄梅戏后继人才,"1956年6月,安徽艺术学校筹备就绪,7月招生,9月在合肥西郊九里沟临时校舍开学。学校设戏剧、音乐、美术三科,戏剧科内设黄梅戏演员班,开始了院校培养黄梅戏艺术人才的历史"。"1958年8月,安庆市在原黄梅戏剧团学院班的基础上办起了安庆市艺术学校①,设戏剧、音乐、美术三个班,是培养黄梅戏表演、音乐和舞台艺术人才的专门学校。"②从此,一批又一批经过严格训练的高素质黄梅戏艺术人才脱颖而出,从事黄梅戏专业艺术工作的人才队伍也随之壮大。

---

① 安庆市艺术学校,后改名为"安徽黄梅戏学校",现已升格更名为"安徽黄梅戏艺术职业学院"。
② 王长安主编:《中国黄梅戏》,合肥:安徽文艺出版社,2009年,第134页。

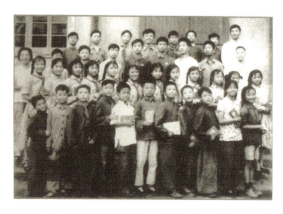

1960年,安庆市艺术学校二年级毕业班全体学生与部分老师合影(图片由张孝荣提供)

三、改革开放时期黄梅戏的恢复与繁荣

20世纪70年代末,传统的戏曲舞台艺术开始复苏。全国各剧种戏剧院团在恢复了大量传统剧目的同时,又创作、相互移植了许多新的剧目。黄梅戏和其他剧种一样,练功、排练、演出空前活跃。

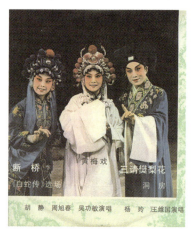

黄梅戏《白蛇传·断桥》剧照,胡静饰演白素贞,周旭春饰演许仙,吴功敏饰演小青(图片由陈黎提供)

随着电影电视事业的兴起,黄梅戏很多舞台剧目,经过改编被拍成黄梅戏电影或黄梅戏音乐电视连续剧。拍成电影的有《小店春早》《杜鹃

女》《审婿招婿》《朱门玉碎》《孟姜女》《龙女》等。经改编,被拍成黄梅戏音乐电视连续剧的有《双莲记》《天仙配》《女驸马》《郑小姣》《貂蝉》等。众多黄梅戏艺术工作者紧紧围绕传承与创新,紧跟时代步伐,一路探索向前。

20世纪八九十年代,恢复、移植、新创作的正本大戏有《天仙配》《女驸马》《荞麦记》《罗帕记》《孝子冤》《蔡鸣凤辞店》《碧玉簪》《杨门女将》《孟丽君》《穆桂英大破洪门阵》《穆柯寨》《秦香莲》《包公误》《郑小姣》《红灯照》《三请樊梨花》《白蛇传》《红梅惊疯》《江姐》《杨乃武与小白菜》《五女拜寿》《血冤》《王熙凤与尤二姐》《梁山伯与祝英台》《柳玉娘》《春江月》,等等。当时录制、发行的黄梅戏磁带、光碟十分畅销。

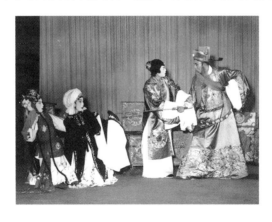

黄梅戏移植剧目《碧玉簪》剧照,左起:张萍饰演春香,潘璟琍饰演李秀英,王传莲饰演李夫人,陈文明饰演尚书李廷甫(图片由张萍提供)

世纪之交,黄梅戏艺术工作者秉承着与时俱进的理念,开拓创新,创作出了一批深受观众喜爱的作品。比如,大型黄梅戏舞台剧《徽州女人》,这部作品的舞台表演形式呈现出黄梅戏因戏而定、歌舞交融的艺术特点。

一直以来,黄梅戏艺术创作者和喜爱黄梅戏的观众、戏迷票友都非常关心黄梅戏的创新发展。

一种意见认为：黄梅戏保留下来的传统剧目丰富多彩，唱腔韵味独特，表现力强，应该大力挖掘传统剧目，尽量保留原汁原味的唱腔曲调，只需要在演员的表演和舞台美术上加以革新即可。另一种意见认为：黄梅戏是个年轻的剧种，传统的腔调已经跟不上时代审美，只有在黄梅戏曲调音乐中加入当下受欢迎的流行音乐元素，才能拓展黄梅戏舞台艺术发展的空间以被观众欢迎。甚至还有一种意见认为：电声乐队的出现，是导致大批年轻观众流失的主要原因，黄梅戏曲调太传统了，老腔老调已经跟不上观众的审美需求，为什么不尝试着进行声腔音乐改革，跟上时代发展需求呢？

用黄梅戏的曲调创作歌曲，用唱通俗歌曲的方法演唱，乐队增加电声乐器伴奏，在改革开放一开始就出现了。陶演，是第一个为严凤英录音的人，20世纪80年代初，他力推黄梅歌的发展，谱写了不少动听的黄梅歌，《清明雨》就是其中的一首。这首歌是陶演为纪念严凤英创作的，歌曲主旋律来自他自己创作的黄梅戏《窦娥冤》的序曲。《清明雨》的曲调哀婉缠绵，如泣如诉，表达了作者对严凤英的深切怀念。听到这首歌就会想起黄梅戏、就会思念严凤英。

20世纪八九十年代，我们经常在广播里听到一首首融进黄梅戏音乐元素、用电声乐队伴奏的黄梅歌。这些黄梅歌曲风活泼、节奏明快，歌词朗朗上口，确实别有一种味道，很好听。当下，还不断有新的黄梅歌被创作出来。比如慕容晓晓演唱的《黄梅戏》，深受观众喜爱。

再好听的"黄梅歌"，也不是传统戏曲意义上"以歌舞演故事"的黄梅戏唱腔，探寻黄梅戏创新的脚步从未停下。相信随着时代发展，在守正创新的前提下，黄梅戏艺术工作者一定会探索出一条适合黄梅戏艺术发展的道路，创造出更多跟上时代发展、深受观众喜爱的好作品。

第三章　黄梅戏打击乐

在梨园行里有这样一种说法："一台锣鼓半台戏。"就是说，一台戏获得什么样的演出效果，打击乐在舞台演出中所起到的作用是举足轻重的。因为演员在舞台上的唱、做、念、打，无论是动态的还是相对静态的，观众感受到的节奏感、角色人物的精气神，在很大程度上与打击乐息息相关。所以，一台戏的演出效果如何，打击乐的作用非常重要。

如今我们看戏，一进剧场就听到优美的音乐声从音响里缓缓流出，观众从走进剧场的那一刻，就进入了艺术情境中。以前，观众进剧场看戏，开演时间一到，首先由打击乐队演奏一段激烈的锣鼓作为开场。锣鼓声瞬间会把观众带入戏剧场面中。因此，打击乐队在行业内也叫"场面"。

一、打击乐乐队组成

戏曲舞台伴奏是由两个部分组成的：一部分是以弦乐、弹拨乐、吹奏乐三种组成的，叫文场；另一部分是以各种打击乐组成的，叫武场。

打击乐队基本乐器组成：板鼓、大锣、铙钹、小锣这四种基本乐器，简称"四大件"；更多的打击乐器还有小堂鼓、大皮鼓、小云锣、撞铃，等等。板鼓其实是两件乐器，由单皮鼓和檀板组成，由于是一人左右手掌控操作，故合称为板鼓。板鼓在乐队中是起指挥作用的乐器。黄梅戏最早的打击乐器只有板鼓、大锣、小锣，"三打七唱"的"三打"，指的就是这种伴奏形式。

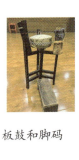 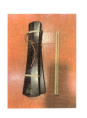 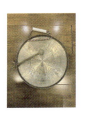 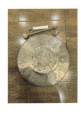 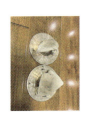

| 板鼓和脚码 | 牙板和鼓键子 | 大锣内侧 | 大锣外侧 | 铙钹 |

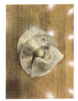 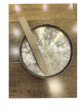 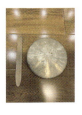 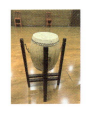 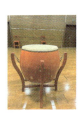

| 铙钹 | 小锣内侧 | 小锣外侧 | 堂鼓 | 大红皮鼓 |

（以上10幅图片由方演提供）

京剧对舞台伴奏有种称呼叫"六场"。"六场"指的是胡琴、月琴、三弦、单皮鼓、大锣、小锣六件伴奏乐器，对这六种乐器都能掌握运用的人称作"六场通透"。"六场通透"有时也指那些既能在乐队里做乐师操琴或打鼓，必要时还能上台串串场演个角色的多面手（具体指吹、打、弹、拉、唱、武）。黄梅戏早期演出班底因为人员少，很多人既是演员，也会各种乐器。有时演员需要帮助打打击乐器，在演员缺乏的情况下乐队的人也帮着串场，演一些戏份少的角色。

一台戏，若多武打戏，就以打击乐"武场"伴奏为主；若多唱功戏、文身段表演，就以"文场"伴奏为主。或整场戏都没有武打，是以文身段表演为主，剧情所表现的人物情绪非常激烈，动作幅度大，也以打击乐"武场"伴奏为主，如《荆钗记》里《投江》一折，《王魁负义》里《打神告庙》一折，等等。

二、打击乐在不同艺术门类中的艺术效果

中国打击乐的魅力真是妙不可言，其作用不仅体现在戏曲舞台表演

上,还有不少电影、电视剧、话剧的背景音乐中也用了戏曲的打击乐为其增色。戏曲艺术的表现风格和手法与影视表演有很大的差异。戏曲是程式化的表演,极具夸张性,用打击乐是必须的,也只有打击乐器的音效才能与舞台上的动态表演、静态亮相契合,产生戏曲舞台特有的效果。而影视艺术对演员的表演,则力求自然生活化。在音乐处理上也需要与影视表演风格统一和谐。

由郭宝昌导演,赵季平作曲,陈宝国、斯琴高娃主演的电视连续剧《大宅门》的背景音乐中就加入了戏曲打击乐。《大宅门》讲述了中国百年老字号"百草厅"药铺的兴衰史,以及医药世家白府三代人恩恩怨怨的故事。这部电视剧不仅讲述了大宅门的变迁、人物的命运,而且透过大宅门或隐或显地反映了戊戌变法、义和团运动、辛亥革命等中国近现代的历史事件。为了体现时代感,强化特定环境下的人物形象,导演在背景音乐中巧妙地运用了中国戏曲的锣鼓点。

如《大宅门》的片头,随着京剧的锣鼓经"回头""仓才才才……"的音效,画面中出现一扇尘封的大门,一时间观众恍若身临其境。通过画面所呈现的独特视角,让观众感受到电视剧即将为我们讲述这扇古朴神秘的大门内曾经发生的精彩故事。打击乐在这里的运用非常恰当,一点也不显得突兀。配合画面那一个锣鼓点"回头","仓才才才……"从出现时的洪亮到慢慢隐去,观众一下子被带入画面所呈现的历史情境中,对大门内的故事产生无限遐想。

故事展开不久,就是白家掌门人白萌堂给白家刚出生的孙子赐名。当白萌堂拿起毛笔思考时,背景音乐配的是"撕边"。"撕边"发出的声音好像告诉观众:起个什么名字呢?白萌堂写"白景琦"这三个字的过程,配合的是大锣"四击头"。在写"琦"字时,正好是"四击头"最后一个有力的"仓"!仿佛白萌堂笃定为孙子起了一个很满意的名字。这两个锣鼓经的音效使这段画面意味深长,牢牢地抓住了观众的注意力,观众对这个剧中的主要人物之一产生了强烈的期待。

在白景琦这个角色的表演中,也曾多次运用了"四击头""撕边""回头""急急风"等一些京剧常用的锣鼓经。锣鼓经所用之处都使白景琦的人物性格更加鲜明,形象更加立体饱满,起到"点睛"的作用。《大宅门》中打击乐的运用不得不让人惊叹,也证明打击乐只要用得好,一锤锣、一个鼓点都会产生令人意想不到的艺术效果。

有意思的是,有网友为好莱坞动画片《猫和老鼠》中的一个片段配上了中国戏曲打击乐中的锣鼓经,为这个片段增加了许多弦外之意和喜剧效果。大猫和小老鼠斗智斗勇的滑稽表现,在锣鼓点的巧妙作用下,虽没有语言表达但让人会心,展现了打击乐的魅力。中西方艺术手法在这里完美结合。

三、打击乐在舞台演绎中的作用

戏曲中的打击乐虽然一直是"幕后英雄",不太会被关注,但它是舞台表演中不可或缺的重要组成部分。一个好的打击乐队在司鼓的指挥下,即便是没有演员表演,也能够打出感情,打出节奏,打出精、气、神。一台好戏的表演打击乐所起到的作用不容忽视。

1. 渲染舞台气氛,配合演员表演

比如"起霸"。"起霸"是京剧表演中一组常见的程式舞蹈动作,在其他剧种的武戏中也经常出现。"起霸"汇集了很多戏曲身段表演动作和功夫技巧,将它们有机地组合成一套连续的舞蹈动作套路,并赋予生动的肢体动作,以表现古代武将在出征前整盔束甲、检阅队伍、战前动员、准备上阵厮杀等情景,展现出武将的威武气概,烘托渲染舞台的战斗气氛。明代沈采所作的传奇《千金记》中就有"起霸"一折,专门用作塑造霸王项羽威武勇猛的形象。后来戏曲采用了这种表现方法,丰富了内容,形成相对固定的程式化舞蹈动作套路,广泛用于武将出场时的舞蹈动作。这组表演技巧动作要求非常高,每一个动作都有其规范要求,尤其是对功架的要求、节奏的把控极为讲究。表演中动作节奏的把握、人物亮相的精气神、将帅威武的霸气,只有在锣鼓的配合下才能达到。

起霸可分为男霸、女霸、整霸、半霸、正霸、反霸、倒霸、单人起霸、双人起霸、蝴蝶霸、通用霸(官中霸)、专用霸等不同类别。

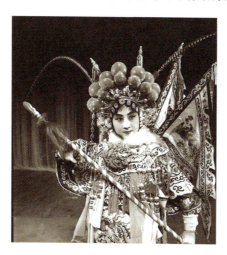

黄梅戏移植剧目《三请樊梨花》剧照,杨玲饰演樊梨花(图片由汪金才提供)①

在演员未上场表演起霸之前,需要锣鼓进行强烈的舞台气氛渲染,营造出紧张而热烈的战争氛围。接下来,转为大锣四击头、切头、回头等锣鼓。此时,映入观众眼中的是一个身穿铠甲、背扎靠旗、威风凛凛、力拔山河的将帅形象。演员的圆场、搓步、云手、翻转等动作在大锣四击头、切头、回头等锣鼓经伴奏中来到九龙口亮相。这一组动作既要沉稳,又要流畅自如,还要气势恢宏,达到这样的艺术效果除需要演员具备深厚扎实的表演功力外,还需要打击乐精彩锣鼓点的配合。

另外,有一些表现喜庆等特殊场面的戏,根据剧情要求,在曲牌音乐中不仅增加了小云锣,还增加了堂鼓、撞铃等乐器,以渲染烘托舞台气

---

① 这张剧照是黄梅戏移植剧目《三请樊梨花》中樊梨花身为女将帅在战场上穿的服装。表演"起霸"穿的就是这样的靠服。也有穿改良靠服不扎靠旗走起霸的角色。

氛。如《杨门女将》"庆寿"这场戏，大幕还未拉开，伴随着打击乐的音乐声已响彻剧场，对观众即将看到的喜庆场面起到渲染的作用。

比如，黄梅戏电影《牛郎织女》中王母娘娘的出场。悠扬的曲牌音乐加上云锣声，凸显了天宫的壮观和神秘，王母娘娘手杖龙杖在众多天兵、天将的护卫下，迈着沉稳的脚步，伴随着大皮鼓"咚——咚——"的声音，一步一步走近龙椅坐下。大皮鼓"咚——咚——"的声音强烈地渲染了天宫戒律的森严和王母娘娘的霸气。

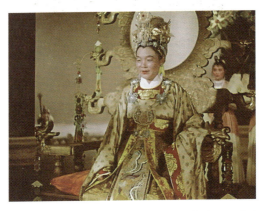

王少梅在黄梅戏电影《牛郎织女》中饰演王母娘娘（图片由陈精根提供）

2. 掌控演出节奏，承上启下衔接

任何一部好的作品都有起承转合，节奏上有快慢的对比，色彩上有明暗的对比。一台戏、一段唱腔念白、一组动作都需要有对比变化。戏曲舞台表演的节奏很多时候是司鼓指挥的打击乐在起作用。比如，演员在唱、念、做、打、上场、下场时的节奏掌控。打击乐的伴奏使得演员动作表演的节奏和力度更加鲜明，并且能更好地增强剧情气氛，帮助舞台上的演员起到"无声似有声"和"胜有声"的作用。

比如，1956年拍摄的京剧电影《雁荡山》是出武戏，时长只有28分钟。武打场面在演员的表演下非常精彩，舞台上呈现出冷兵器时代两军格斗的场景格外激烈，气氛的营造很大程度上依托了打击乐的伴奏。观众看到舞台上一边是上场后精神抖擞、英勇向前、往下场门紧追不舍的将士；一边是上场后即表演出丢盔弃甲狼狈逃窜、往下场门跑的将士,两军殊死交战的场面显得非常激烈,将士上场下场的气氛在锣鼓的作用下瞬间紧张起来。溃败一方的表现是慌不择路连滚带爬,用的是表现紧张慌乱的锣鼓经"乱锤""散锣"等；胜利一方紧追不放,用的是"急急风""水底鱼"等锣鼓经。观众在这样的气氛中过足了戏瘾。观众感受到的舞台上所有的紧张气氛除演员表演出来的紧张感以外,主要是由打击乐营造出的。

舞台上打击乐配合演员紧张有序地上场下场,演员的动作穿插也在打击乐的统一"调配"下紧张有序地进行。舞台演出节奏、剧情气氛、演员表演力度很大程度上由打击乐所掌控。演员在各种渲染战场气氛的锣鼓"紧打"中"慢作"。"紧打慢作"是戏曲舞台实际表演中的一种技巧。锣鼓在对演出节奏进行掌控的同时,在演出中也起到承上启下的衔接作用。

在戏曲舞台上,打击乐还有另一种作用：幕间演奏。用打击乐在幕间演奏一方面能保持剧场气氛不冷场,为接下来的戏作铺垫,渲染气氛,起到承上启下的作用；另一方面则是为演员更换服装赢得时间。戏曲舞台艺术与影视艺术不同,拍电影电视剧,可以一个镜头一个镜头地拍,一遍没有拍好就再拍一遍,后期选择最好的镜头进行剪辑加工,化妆造型也是满意了再拍。演舞台剧可不成,上了场就改不了,需要换装只能想办法,调动一切手段赶场。比如,《智取威虎山·打虎上山》杨子荣上场前的前奏音乐。这一段音乐在管弦乐中增加了由轻到重的锣鼓经"急急风",营造出生动的画面感,观众似乎看到迎着漫天风雪骑着快马奔驰在林海雪原上的杨子荣,凸显杨子荣不惧艰险的坚强意志。音乐的渲染强烈地烘托了舞台气氛,产生了很好的艺术效果,也为演员赶妆赢得了时间。

戏曲舞台艺术是以演员的表演为中心、综合性极强的艺术,台上看到演员光彩照人的艺术形象,不但需要演员自身有过硬的功夫,也需要服装、化妆、乐队、道具、灯光等所有部门在幕后默默地付出。一台好的舞台戏剧的背后,一定有一个扎实的团队默契配合。

笔者曾经在网上看到一段舞台剧《智取威虎山》杨子荣赶装的视频。视频一开始是上一场戏刚刚结束,灯光暗场大幕关上后,扮演杨子荣的演员身穿军装,快步从舞台上一边舔头解服装扣子,一边往台侧上场门赶装的地方走。① 负责服装、盔、鞋、话筒的工作人员已提前等候在一旁,演员一下场就跟随演员,接住演员匆匆解下的东西。当演员刚走到为赶场准备的椅子旁坐下时,下一场戏的音乐锣鼓声已经响起了。此时,为演员赶场的工作人员勒头的勒头,戴话筒的戴话筒。与此同时,演员自己穿水袜、靴子。这时,导板开始,演员一边唱,一边配合服装师换服装。导板是在换服装过程中唱的,导板唱完,赶装也基本完成,这时离上场还剩几秒,演员来到上场门准备上场,道具师给演员递上马鞭,演员瞬间提起精神,带戏上场。整个过程紧张而有序,团队配合十分默契,恰到好处。

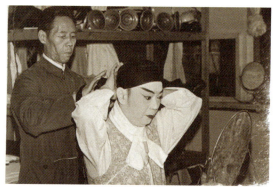

负责盔帽的师傅在给王少舫勒头(图片由陈精根提供)

演出中赶场是极为常见的,黄梅戏经典舞台剧《天仙配》和《女驸马》中都有赶场的戏。比如在《天仙配·路遇》中,七仙女变村姑需要赶场。再比如《女驸马·金殿》中,冯素珍由驸马变成公主需要赶场。

---

① 舔头:戏曲行内专业用语,指卸下扎在头上的装饰、盔头(帽子)等。

戏曲演员对紧张的赶场早已习以为常,要想恰到好处地为演员改装赶场,化妆、服装、道具等各部门必须提前准备好赶场时所需要的物品,要做到稳、准、轻、快,紧凑有序、忙而不乱、分秒必争。赶场环节见的是化妆、服装、道具等各部门工作者的真功夫,最能体现团队的专业水准。

笔者计算了一下,视频中从杨子荣结束上一场戏开始到再次上场,赶场用了2分12秒。这2分12秒,观众随着锣鼓音乐和演员的导板沉浸在剧情中,大幕开启杨子荣在热烈的打击乐配合下上场,观众自然而然地被带入剧情中。打击乐起到了承上启下衔接剧情的作用。《智取威虎山》中的这段锣鼓音乐使两场戏无痕衔接,非常完美。透过这段短短的视频,我们能够感受到,一场精彩演出一定是团队通力合作、共同努力的结果。台上是演员十年如一日打磨出来的功夫,台下有多个专业部门的工作人员默默付出。拿梨园行的话来说,这就叫作"一棵菜"的精神。

所谓"一棵菜"是指舞台演出是一个完整的整体。演员、服装、化妆、乐队、道具、灯光等,所有部门工作人员相互紧密配合、协调一致、不分主次,使一出戏接近完美。正是因为有了"一棵菜"的精神,戏曲艺术才能够代代相传,继承发扬至今。当你了解了戏曲舞台艺术台前幕后的种种过程,你也一定会为戏曲艺术中包含的工匠精神而折服。

3. 补充动作语言,突出剧种风格

舞台表演中往往会出现这样一种现象:有时候需要用许多语言去表达、去解释的情绪,只需要一个锣鼓点就轻巧地做到了,一个巧妙的锣鼓点能够产生超过语言所要表达的效果。

《穆桂英大破洪州》这出戏里有一段丑行穆瓜的表演,这段表演没有一句台词,演员只是在鼓条子"达、达"或小锣"台"的声音配合下,一个亮相动作后发出"嘿嘿""哈哈""啊"的声音。打击乐的巧妙配合突出了肢体动作语言,代替了演员的语言表达,观众在没有语言的表演中已经领会到了锣鼓给出的"语言"。这组丑角的武打表演动作诙谐风趣,设计巧

妙,对紧张焦灼的武打场面起到了调节作用。风趣滑稽的动作既具有强烈的喜剧效果,也给主要演员预留了恢复体力或赶装的时间。

黄梅戏的锣鼓自身带有浓郁的地方戏戏曲音乐风格的特点,花腔小戏的锣鼓经更是充满了乡土气息。像《夫妻观灯》《打猪草》等诸多经典小戏,不管是安庆人还是外地人,只要熟悉黄梅戏的,一听到黄梅戏的花腔锣鼓声音,就会勾起对黄梅戏的记忆,可谓"天天《打猪草》,夜夜《闹花灯》"。试想一下,这些小戏如果去掉花腔锣鼓,那还是黄梅戏吗?只有加上花腔锣鼓,才是地地道道黄梅戏的味道。

四、黄梅戏打击乐锣鼓经

黄梅戏传统的打击乐锣鼓经并不丰富。早期的锣鼓经主要是从"打十番"等民间锣鼓中借鉴或改变而成的,也有一些是受高腔影响而创造的。随着黄梅戏进入城市,室内(剧场)表演不太适应强烈的打击乐了,加之弦乐伴奏逐渐成熟,用音乐作过门慢慢替代了一部分锣鼓过门。

20世纪50年代以后,随着戏曲艺术的发展,黄梅戏从京剧、越剧、豫剧、晋剧、川剧等剧种那里移植了许多经典剧目,同时也创编了很多经典大戏,京剧和其他剧种许多锣鼓经就在移植过程中自然地融入黄梅戏中。黄梅戏部分传统锣鼓经因运用价值不高,被逐渐淘汰。目前,在黄梅戏舞台演出剧目中所出现的锣鼓经,除了部分常用的传统锣鼓经外,很多都是从京剧那里移植过来的。目前黄梅戏舞台上比较常用的传统锣鼓经,基本上是和黄梅戏唱腔紧密相连的具有代表性的锣鼓经。

黄梅戏主调平词和花腔的锣鼓主要有平词六槌、平词一字锣、一枝梅、一枝花、小锣一枝花、平词二槌、平词软二槌、平词十三槌半、平词九槌、平词一槌、平词收槌、凤点头、挂板一槌、软一槌、踩板锣、帮腔锣、平词双哭板、喊氏锣、彩旦锣、惊梦锣、八板锣、火攻哭板锣、三条箭、散槌、小凤点头、花腔长槌、花腔六槌、花腔四槌、花腔二槌、花腔一槌、单拗、花腔硬一槌、花腔十三槌半、花腔十三槌、花腔五槌、擦锅锣、呀嚙锣、道锣、花腔小五锣、小郎锣、蛤蟆跳缺、顺单子。

黄梅戏还有自己的身段锣鼓：推公车、毛头锣、小锣出场、小锣花五槌、小锣花三槌、七字锣。

这里着重介绍几组最常用、最具特色、最具代表意义的黄梅戏传统锣鼓：

主调的基本锣鼓，火攻、八板锣鼓，哭介锣鼓，花腔锣鼓经。

1. 主调的基本锣鼓

平词一字锣：也叫慢长槌，四不粘，用于上下场、走圆场。

谱例 6：[①]

$\frac{4}{4}$ 扎　扎 ｜ $\frac{4}{4}$ 仓　才才呆　才才 ｜ 仓　才才呆才呆 ｜ 仓　0　0　0 ‖

平词六槌：也叫起板锣，专用于起唱前的锣鼓过门。

谱例 7：[②]

$\frac{4}{4}$ 衣打　打打打　仓仓令仓 ｜ 衣令仓　令仓衣仓 ｜ 仓·　打　呆　呆 ‖

平词二槌：在平词第一句后面作为过门用的。

谱例 8：[③]

$\frac{4}{4}$ 衣　0　打　打·打 ｜ 衣　仓　衣　令　仓　呆 ‖

单拗：也叫收锣、切锣。多用于唱腔的结束处，有类似句号的作用。单拗的后面可以接花腔六槌起下一段唱腔，在配合表演时，可以连奏两次再接其他锣鼓。

---

① 徐高生主编：《中国黄梅戏唱腔集萃》下卷，苏州：苏州大学出版社，2014 年，第 604 页。
② 徐高生主编：《中国黄梅戏唱腔集萃》下卷，苏州：苏州大学出版社，2014 年，第 604 页。
③ 徐高生主编：《中国黄梅戏唱腔集萃》下卷，苏州：苏州大学出版社，2014 年，第 605 页。

谱例 9：[①]

$\frac{2}{4}$ 衣 冬 衣冬衣 | 仓 0 ‖

垫锣：专用于平词唱腔的二、三句之间和第一句上半句与下半句之间的锣鼓小过门。

谱例 10：[②]

$\frac{4}{4}$ 衣 仓 衣 令 仓 呆 ‖

2. 火攻、八板锣鼓

谱例 11：[③]

（上句）

$\frac{1}{4}$ 衣打 | 打打打 | 倾仓 | 令仓 | 衣令 | 仓令 | 仓令 | 仓 | 呆 ‖

谱例 12：[④]

（下句）

$\frac{1}{4}$ 衣打 | 打 | 仓冬 | 仓冬 | 仓冬 | 仓 | 仓冬 | 仓冬 | 仓 | 呆 ‖

火攻和八板十分相近，它们是一种板式的两种名称，区别就是节奏。火攻是八板的加速。慢的是"八板"，用于表现苦闷、失望、焦愁等情绪。快的是"火攻"，用于表现惊慌、愤怒、恼恨等情绪。火攻和八板可以独立演唱，早期属于单独的腔体，之后常与平词、二行、三行联用，形成节奏的对比。这两种板式后面在谈到腔系时会具体介绍，这里只简单介绍这两种板式的锣鼓。

---

① 徐高生主编：《中国黄梅戏唱腔集萃》下卷，苏州：苏州大学出版社，2014年，第606页。
② 徐高生主编：《中国黄梅戏唱腔集萃》下卷，苏州：苏州大学出版社，2014年，第604页。
③ 徐高生主编：《中国黄梅戏唱腔集萃》下卷，苏州：苏州大学出版社，2014年，第607页。
④ 徐高生主编：《中国黄梅戏唱腔集萃》下卷，苏州：苏州大学出版社，2014年，第605页。

3. 哭介锣鼓

"哭介"也称为"哭板",是戏剧性很强的唱腔之一,为了渲染气氛,强化极端悲伤痛苦的情绪,在唱腔里加入了"哭板锣鼓"演奏。"哭板"分为"单哭板"和"双哭板"两种。"哭板锣鼓"也有两种不同的打法。

谱例 13:[①]

单哭板:

$$\frac{1}{4} \quad 0 \mid 八 \mid 仓 \parallel$$

谱例 14:[②]

双哭板:

$$\frac{4}{4} \quad 0 \quad 0 \quad 衣打打 \mid 仓呆\ 来呆衣呆\ 仓\quad 呆 \mid 衣\quad 打·打\ 衣打\ 打 \mid$$

$$仓呆\ 来呆衣呆\ 仓\quad 呆 \mid 衣\ 打\ 打\ 空\ 仓\ 衣\ 打\ 打\ 空\ 仓 \parallel$$

"单哭板"是一种有旋律而节奏又非常自由的唱腔。它以散板的形式出现,可以任意发挥,接近于自然形态的痛哭。"单哭板"是散板,通过散板转到平词、二行、三行等腔体使用。

"双哭板"又叫"平词双哭板",与唱腔同奏。"双哭板"则可以表达一定的词意,有一定的节奏,中间加上锣鼓过门,最后仍回到散板的"单哭板"上去。"双哭板"经常跟其他唱腔的下句结合起来用,有时也可以成为单独的句子。"双哭板"还可以转到平词落板句、阴司腔下句、二行的下句、八板的上句以及彩腔、仙腔的落板句。

哭板不能作为一种独立的唱腔使用,必须与平词、彩腔等板腔体唱腔联用,也有男、女两种唱法。无论是"单哭板"还是"双哭板",都分为男女两种不同的唱腔。"双哭板"锣鼓是和双哭介唱腔联合使用的专用锣

---

① 王文龙、徐高生主编:《黄梅戏锣鼓》,合肥:安徽文艺出版社,2014,第 82 页。
② 徐高生主编:《中国黄梅戏唱腔集萃》下卷,苏州:苏州大学出版社,2014 年,第 605 页。

鼓经。一般在表现角色极度悲伤时,锣鼓与唱腔混合使用,起到渲染痛哭加强悲伤气氛的作用。

在长期的舞台演出中,随着时代的发展、审美的变化,主调平词锣鼓以及锣鼓的打法也都有一些细微的变化,这些细微的变化是作用于平词曲调变化的结果。比如黄梅戏电影《牛郎织女》开场的一段音乐,是著名黄梅戏音乐曲作家时白林先生根据剧情和人物需要,将平词加以调整的结果。一开始是长槌,接下来王母娘娘起唱前的伴奏就是在平词起唱的音乐中加了平词六槌。这段唱腔中有间奏锣、垫锣、收锣。调整后的音乐和唱腔更加符合当时王母娘娘一怒冲天、不可一世的状态。平词起唱锣也不完全是最传统的打法。由于这段从出场到王母娘娘起唱音乐的铺垫,我们自然地被带入剧情的情境之中,一次次地细细品味这段唱腔音乐及每一位出现在镜头中的黄梅戏前辈艺人的表演:天兵天将、王母娘娘、金牛星、牵牛星、织女,每一个人物的表演都是那么细腻生动。虽然那时的化妆造型比起今天的化妆艺术手段要质朴许多,但你就是会感觉到每个人物形象都震撼人心。

4. 花腔锣鼓经

黄梅戏是从花腔小戏发展而来的,所以花腔锣鼓主要还是运用在黄梅戏的传统小戏上(大戏中也会偶尔使用)。常用的锣鼓经有花腔长槌、花腔一槌、花腔二槌、花腔四槌、花腔六槌、花腔十三槌半。

花腔长槌:又叫一字锣。黄梅戏传统的花腔锣鼓经与唱腔是紧密相连的。长槌基本上运用于花腔小戏开场、演员出场、唱腔中的身段表演、圆场调度,等等。在正本大戏里通常也是用来配合角色出场或调度的。

谱例 15:[①]

$\frac{2}{4}$ 衣 冬 衣 冬冬 | 仓 冬冬 呆 冬冬 ‖

[①] 徐高生主编:《中国黄梅戏唱腔集萃》下卷,苏州:苏州大学出版社,2014年,第607页。

花腔一槌：也叫花腔收锣。此锣鼓经既可以作为彩腔的结束锣，又可以与花腔六槌连接使用，收锣结束后可再起花腔六槌接唱彩腔。

谱例 16：[1]

$$\frac{2}{4} \; \underline{衣\;冬\;衣\;冬} \;|\; 仓\quad 呆 \;\|$$

花腔二槌：也叫花二槌，专用于彩腔中唱腔第三、四句之间的间奏锣。

谱例 17：[2]

$$\frac{2}{4} \; \underline{衣\;冬\;冬} \;|\; 仓\cdot\underline{个}\;\underline{龙\;冬} \;|\; 仓\quad 呆 \;\|$$

花腔四槌：也叫花四槌，专用于彩腔中第二、三句之间的链接，唱腔变速时用作过渡。

谱例 18：[3]

$$\frac{2}{4} \; \underline{衣\;冬\;冬} \;|\; 仓\quad 仓\cdot\underline{个} \;|\; \underline{令\;仓}\;\underline{乙\;令} \;|\; 仓\quad 呆 \;\|$$

花腔六槌：专用于花腔、彩腔起唱前的锣鼓过门，或唱段之间的连接。

谱例 19：[4]

$$\frac{2}{4} \; \underline{衣\;冬\;冬\;\underline{冬\;冬}} \;|\; \frac{3}{4}\;\underline{倾\;仓}\;\underline{令\;仓}\;\underline{乙\;令} \;|\; \frac{2}{4}\;\underline{仓\;令}\;\underline{仓\;令} \;|\; 仓\quad 呆 \;\|$$

---

[1] 徐高生主编：《中国黄梅戏唱腔集萃》下卷，苏州：苏州大学出版社，2014年，第606页。
[2] 徐高生主编：《中国黄梅戏唱腔集萃》下卷，苏州：苏州大学出版社，2014年，第606页。
[3] 徐高生主编：《中国黄梅戏唱腔集萃》下卷，苏州：苏州大学出版社，2014年，第606页。
[4] 徐高生主编：《中国黄梅戏唱腔集萃》下卷，苏州：苏州大学出版社，2014年，第606页。

花腔十三槌半：用作彩腔或仙腔等起板的开头，或迈腔之后，配合表演再接唱腔。大锣共击 14 槌，其中"倾"为弱奏，只算半槌，所以叫十三槌半。

谱例 20：①

$\frac{2}{4}$ 衣打衣打 | 仓 仓 | 衣仓衣 | 仓·个龙冬 | 仓·个龙冬 |

仓冬仓 | 衣冬衣 | 仓冬仓冬 | 仓冬仓 | 倾仓衣呆 | 仓 呆 ‖

以上列举的锣鼓都是黄梅戏传统锣鼓经的精华。在黄梅戏唱腔锣鼓中"平词锣鼓"的使用比较固定和规范，"花腔锣鼓"的使用比较灵活，富于变化，"火攻""八板锣鼓"的使用常常根据人物感情的需要灵活掌握，而"哭介锣鼓"的使用则比较富于情感。

下面再为大家介绍几种黄梅戏传统戏中常用于身段的锣鼓：

谱例 21：

推 公 车②

$\frac{2}{4}$ 0 冬 | 冬冬仓 | 冬冬仓 | $\frac{3}{4}$ 冬冬次冬冬 |

$\frac{2}{4}$ 仓 仓 冬 仓 | 冬 仓 仓 | 冬 0 ‖

谱例 22：

毛 头 锣③

$\frac{2}{4}$ 嘟儿大大 | 仓呆仓呆 | 仓大衣 | 仓·呆倾仓 | 衣呆仓 | 呆呆仓 ‖

---

① 徐高生主编：《中国黄梅戏唱腔集萃》下卷，苏州：苏州大学出版社，2014 年，第 607 页。
② 《中国戏曲音乐集成·安徽卷》编辑委员会编：《中国戏曲音乐集成·安徽卷》下，北京：中国 ISBN 中心，1994 年，第 1187 页。
③ 《中国戏曲音乐集成·安徽卷》编辑委员会编：《中国戏曲音乐集成·安徽卷》下，北京：中国 ISBN 中心，1994 年，第 1187 页。

第三章 黄梅戏打击乐

谱例 23：

小锣出场锣①

$\frac{2}{4}$ 衣 打 衣 | 呆 呆 | 打̂ 呆 打 打 | 呆̂ 衣 打 | 呆 0 ‖

谱例 24：

小锣花五槌②

$\frac{2}{4}$ 呆 呆 | 呆 衣 呆 | 衣 打 · 令 | 呆 0 ‖

谱例 25：

小锣花本槌③

$\frac{2}{4}$ 0 打 | 呆 · 打 令 呆 | 衣 令 呆 ‖

谱例 26：

七 字 锣④

$\frac{2}{4}$ 0 打 | 仓 才 | 仓 呆 呆 | 次 呆 次 呆 | 仓 呆 呆 | 次 呆 次 | 仓 0 ‖

---

① 《中国戏曲音乐集成·安徽卷》编辑委员会编：《中国戏曲音乐集成·安徽卷》下，北京：中国ISBN 中心，1994 年，第 1187 页。
② 《中国戏曲音乐集成·安徽卷》编辑委员会编：《中国戏曲音乐集成·安徽卷》下，北京：中国ISBN 中心，1994 年，第 1187 页。
③ 《中国戏曲音乐集成·安徽卷》编辑委员会编：《中国戏曲音乐集成·安徽卷》下，北京：中国ISBN 中心，1994 年，第 1188 页。
④ 《中国戏曲音乐集成·安徽卷》编辑委员会编：《中国戏曲音乐集成·安徽卷》下，北京：中国ISBN 中心，1994 年，第 1188 页。

第四章　黄梅戏的声腔音乐

据统计,中国有 360 多个戏曲剧种,十分丰富。这 360 多个剧种的音乐唱腔样式总结起来无外乎两大类:曲牌体和板腔体。黄梅戏的声腔音乐就是由花腔(曲牌歌谣体)和主调(板腔体)联合构成的。[①]

一、黄梅戏音乐的特点和来源分析

(一)花腔类(曲牌歌谣体)

黄梅戏的前辈艺人们在长期的艺术实践中,将黄梅戏逐渐与民间的"玩灯""莲厢""花鼓"等歌舞形式结合起来,最终形成黄梅戏自己的花腔和花腔小戏表演。黄梅戏从"独角戏"到"两小戏""三小戏"(又称"花腔小戏")逐步发展起来,素有"小戏七十二"之说,不过实际远远不止这个数。

花腔小戏基本上都是短小朴实、反映农村题材的生活小戏,唱腔音乐大多来源于民间歌谣。这些民间音乐来自各个不同的地域,所以各具风格。小戏之间的唱腔也各自独立,相互不能套用、串用。

黄梅戏前辈专家们通过研究现有资料,认为"花腔小戏"中民歌部分的组成有以下一些名目:[②]

1. 来自"采茶歌"

黄梅戏曾一度被称为"采茶戏",与"采茶歌"的关系十分密切。在南

[①] 王文章:《非物质文化遗产保护研究》,北京:文化艺术出版社,2013 年,第 282 页。
[②] 王兆乾:《黄梅戏音乐》(第 2 版),合肥:安徽文艺出版社,1999 年,第 19～35 页。

方农民的农作中,采茶是一个重要的部分,采茶活动被先反映到民歌中后又被戏曲吸收是很自然的事,《剜木瓢》《大辞店》《姑嫂望乡》都有这些曲调。

2. 来自"凤阳花鼓"

"凤阳花鼓"流传地区很广,它也被吸收到小戏中,如《瞎子闹店》《挑蚜虫》等,剧中的"凤阳调"和"凤阳歌"就是例子。

3. 来自民歌《绣荷包》

《绣荷包》在清代流传甚广,是湖广一带的民歌,又称为"湖广调",后来逐渐发展成为民间小戏,戏名也叫《绣荷包》。《逃水荒》《补背褡》《送绫罗》等都采用了《绣荷包》的曲调。

4. 来自"莲花落"

"莲花落"又称"莲花乐"或"十不闲",是很早的民歌,在民间流传很广,南北方都有。其特点是在唱腔中有"落莲""牡丹花""一么莲花"等衬字。在黄梅戏《夫妻观灯》的唱腔中就可以看到它的痕迹。

5. 来自"五更调"

民歌中叫"五更"的种类很多,历史也很悠久。黄梅戏的"五更调"也是原来在民间流行的小调,在黄梅戏《二龙山》《天仙配》中都有体现。它和山东民歌《叫五更》、河北民歌《啰嗦五更》都很接近。

6. 来自桐城、枞阳一带的"花鼓"

黄梅小戏中的"新八折"是原来桐城、枞阳一带农村流传的花鼓唱腔,被艺人郑绍周等搬上舞台。这种花鼓由两女一男三人演唱,后来黄梅戏只用一个女角,多为插科打诨或者是奉承角色。

7. 来自民歌

有一些作为戏中的插曲用的就是民歌小调,如《下盘棋》《八段锦》《十月怀胎》《孟姜女》一剧中孟姜女寻夫路上唱的《十二月调》,等等。

8. 吸收了安庆地区的民间歌谣

如黄梅戏《剜瓢》用的《送同年歌》,《大辞店》中用的《送情歌调》便是脱胎于安庆民歌《采茶歌·盘茶》《吐绒记》的大、中、小"莲花落",显然是流行于安庆地区的民间小调。①

黄梅戏的"花腔"曲调有很大一部分吸收了安庆地区民间流传的歌谣,是从民歌歌谣发展而来的。

"花腔"曲调举例:

谱例 27:

开 门 调②

(《夫妻观灯》小六妻、王小六唱腔)

严凤英、王少舫 演唱
时白林、王文治 记谱

$1=B$ $\frac{2}{4}$

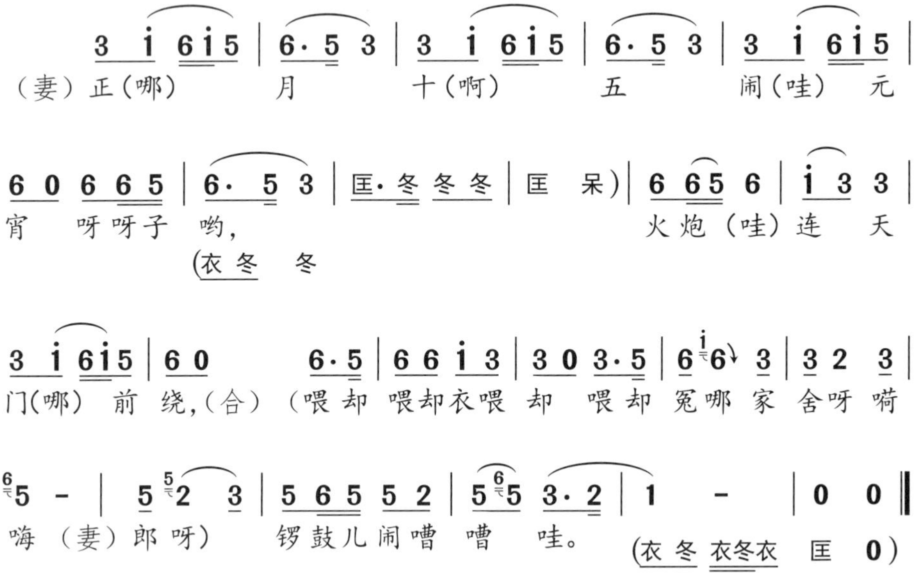

（此处为简谱，唱词：妻 正（哪）月 十（啊）五 闹（哇）元宵 呀呀子 哟,（衣冬冬 火炮（哇）连天 门（哪）前 绕,（合）（喂 却 喂 却 衣 喂 却 喂 却 冤 哪 家 舍 呀 嗬嗨（妻）郎 呀）锣鼓儿闹嘈嘈 哇。（衣冬 衣冬 衣 匡 0)）

---

① 安庆黄梅戏剧院编著:《黄梅戏起源》,北京:中国戏剧出版社,2018年,第107页。
② 时白林:《黄梅戏音乐概论》,北京:人民音乐出版社,1993年,第65页。

第四章 黄梅戏的声腔音乐

谱例 28：

打猪草男腔[①]

（《打猪草》金小毛唱腔）

丁紫臣 演唱
时白林、王文治 记谱

1=E 2/4

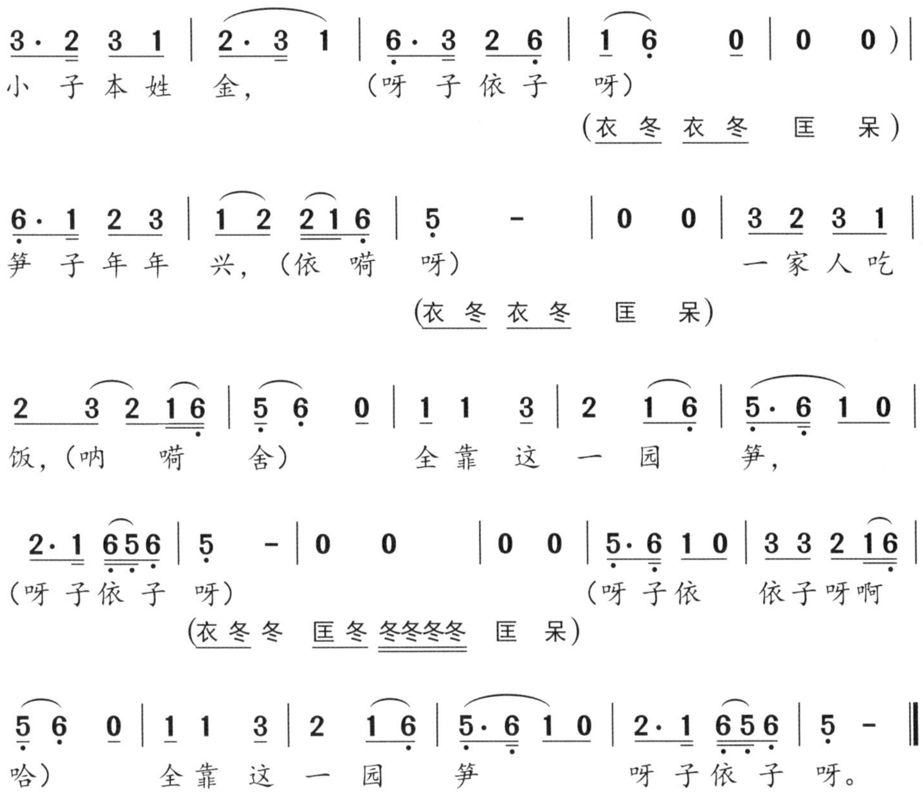

3·2 31 | 2·3 1 | 6·3 26 | 16 0 | 0 0)|
小子本姓金，（呀子依子　呀）
　　　　　　　　　（衣冬衣冬　匡呆）

6·1 23 | 12 216 | 5 - | 0 0 | 3 2 3 1 |
笋子年年兴，（依嗬呀）　　　　一家人吃
（衣冬衣冬　匡呆）

2 3216 | 56 0 | 11 3 | 2 16 | 5·6 10 |
饭，（呐嗬舍）　全靠这一园笋，

2·1 656 | 5 - | 0 0 | 0 0 | 5·6 10 | 33 216 |
（呀子依子呀）　　　　　　　（呀子依　依子呀啊
（衣冬冬　匡冬　冬冬冬冬　匡呆）

56 0 | 11 3 | 2 16 | 5·6 10 | 2·1 656 | 5 - ‖
哈）　全靠这一园笋　　呀子依子呀。

谱例 29：

五声徵调式打猪草调[②]

（《打猪草》陶金花唱腔）

严凤英 演唱

1=♯F 2/4 3/4

〔花六槌〕
（衣冬　冬　冬冬 | 3/4 匡匡　令匡　冬冬冬冬 | 2/4 匡冬 匡冬冬 | 匡 呆）|

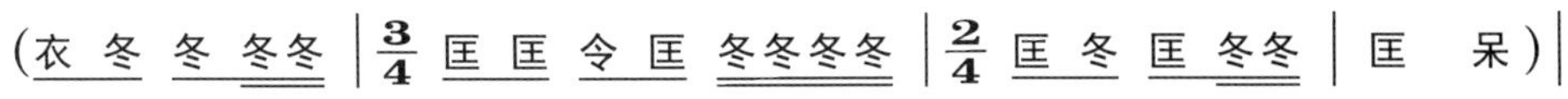

[①] 时白林：《黄梅戏音乐概论》，北京：人民音乐出版社，1993年，第75页。
[②] 时白林：《黄梅戏音乐概论》，北京：人民音乐出版社，1993年，第11页。

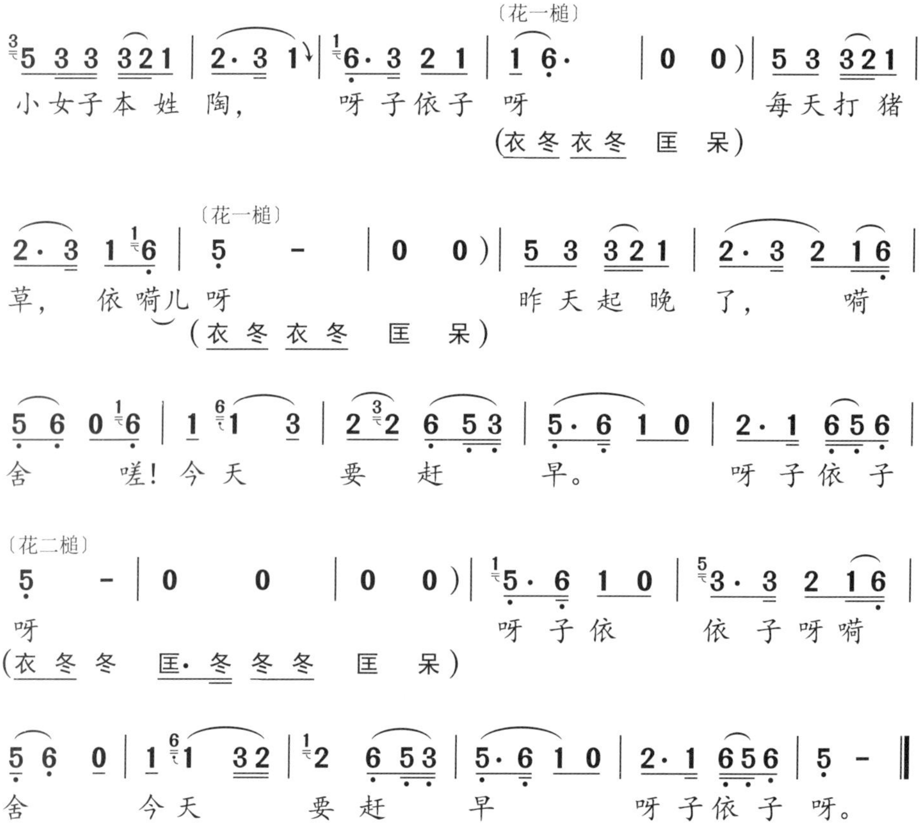

〔花一槌〕

5̲ 3 3 3̲2̲1̲ | 2·3 1̲ⁱ6̲ | ⁱ6̲·3̲2̲1̲ | 1̲6̲· | 0 0) | 5̲ 3 3̲2̲1̲ |
小女子本姓 陶， 呀子依子 呀　　　　　　　每天打猪
　　　　　　　　　　　　　　　（衣冬衣冬　匡呆）

〔花一槌〕

2·3 1ⁱ6̲ | 5̲ - | 0 0) | 5̲ 3 3̲2̲1̲ | 2·3 2̲1̲6̲ |
草，　依唢儿 呀　　　　　　　昨天起晚了，　嗬
　　（衣冬衣冬　匡呆）

5̲6̲ 0ⁱ6̲ | ⁱ6̲1̲ 3 | 2̲2̲ 6̲5̲3̲ | 5·6̲ 1 0 | 2·1̲ 6̲5̲6̲ |
舍　嗟！今天　要　赶　　早。　呀子依子

〔花二槌〕

5̲ - | 0 0 | 0 0) | ⁱ5̲6̲ 1 0 | ⁵3̲·3̲ 2̲1̲6̲ |
呀　　　　　　　　　　　呀子依　依子呀嗬
（衣冬冬　匡·冬冬冬　匡呆）

5̲6̲ 0 | ⁱ6̲1̲ 3̲2̲ | ⁱ6̲2̲ 6̲5̲3̲ | 5·6̲ 1 0 | 2·1̲ 6̲5̲6̲ | 5̲ - ‖
舍　　今天　要赶　早　　　呀子依子呀。

谱例30：

对 花 调①

（《打猪草》陶金花、金小毛唱腔）

$1=E$ $\frac{2}{4}$

严凤英、王少舫 演唱
时白林、王文治 记谱

中速

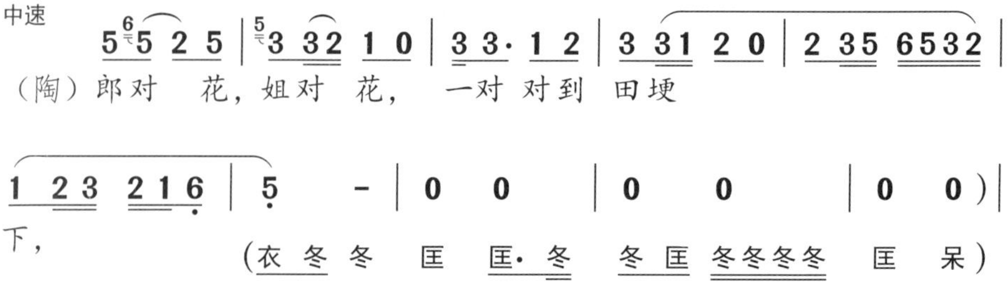

5̲⁶5̲ 2̲5̲ | 5̲3̲ 3̲2̲ 1 0 | 3̲3̲·1̲2̲ | 3̲3̲1̲ 2̲0̲ | 2̲3̲5̲ 6̲5̲3̲2̲ |
（陶）郎对 花，姐对 花， 一对 对到 田埂

1̲2̲3̲ 2̲1̲6̲ | 5̲ - | 0 0 | 0 0 | 0 0 |
下，　　　　　　　　　　　　　　　　　
　　（衣冬冬 匡 匡·冬 冬匡 冬冬冬冬　匡呆）

---

① 时白林：《黄梅戏音乐概论》，北京：人民音乐出版社，1993年，第76～77页。

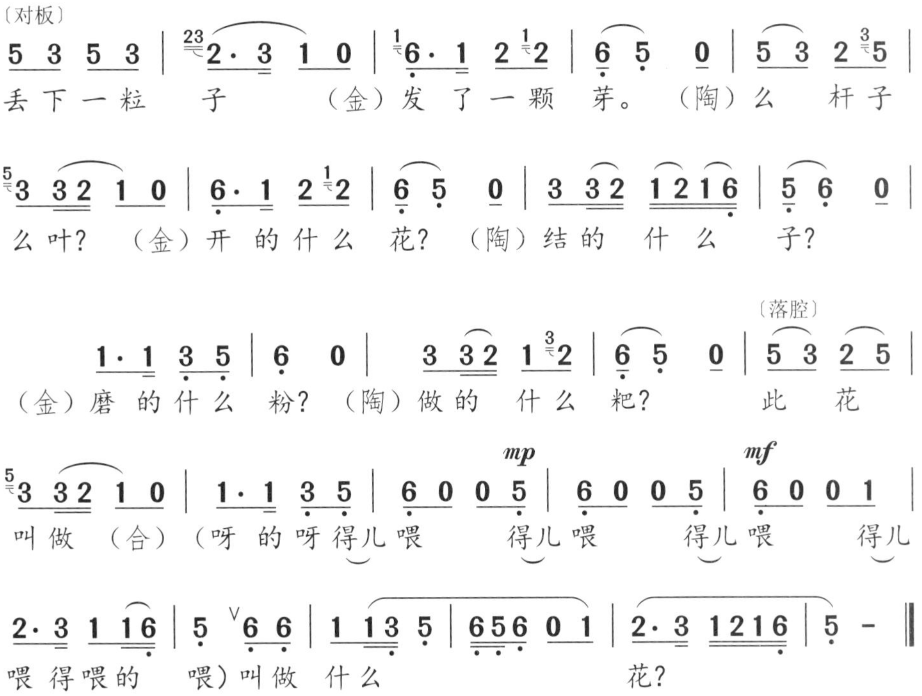

〔对板〕

5 3 5 3 | 2·3 1 0 | 6·1 2 2 | 6 5 0 | 5 3 2 5 |
丢下一粒　子　（金）发了一颗 芽。（陶）么　杆子

3 3 2 1 0 | 6·1 2 2 | 6 5 0 | 3 3 2 1 2 1 6 | 5 6 0 |
么叶？（金）开的什么 花？（陶）结的 什 么 子？

〔落腔〕

1·1 3 5 | 6 0 | 3 3 2 1 2 | 6 5 0 | 5 3 2 5 |
（金）磨的什么 粉？（陶）做的 什么 粑？　此　花

3 3 2 1 0 | 1·1 3 5 | 6 0 0 5 | 6 0 0 5 | 6 0 0 1 |
叫做（合）（呀 的呀得儿喂　　得儿喂　　得儿喂　　得儿

2·3 1 1 6 | 5 ∨ 6 6 | 1 1 3 5 | 6 5 6 0 1 | 2·3 1 2 1 6 | 5 - ‖
喂 得喂的 喂）叫做 什么 　　　　花？

谱例31：

打豆腐女腔①

（《打豆腐》旦唱腔）

彭玉兰　演唱
张庆瑞　记谱

1=♭E 2/4

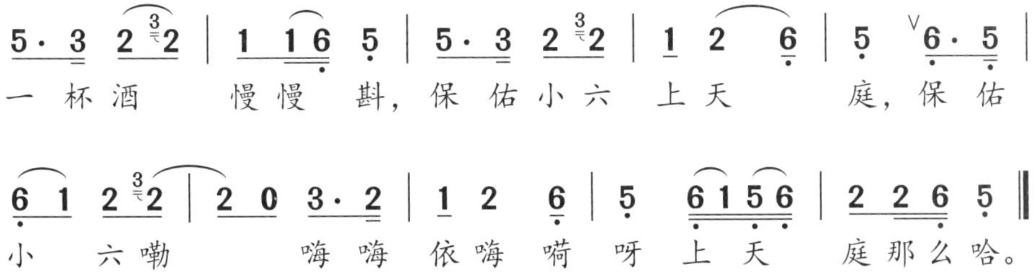

5·3 2 2 | 1 1 6 5 | 5·3 2 2 | 1 2 6 5 | 6·5 |
一杯酒　慢慢 斟，保佑小六　上天　庭，保佑

6 1 2 2 | 2 0 3·2 | 1 2 6 5 | 6 1 5 6 | 2 2 6 5 ‖
小　六嘞　　嗨嗨依嗨 嗬呀上天　庭那么哈。

---

① 时白林：《黄梅戏音乐概论》，北京：人民音乐出版社，1993年，第78页。

谱例 32：

闹元宵调①
（《打豆腐》王小六唱腔）

丁紫臣 演唱

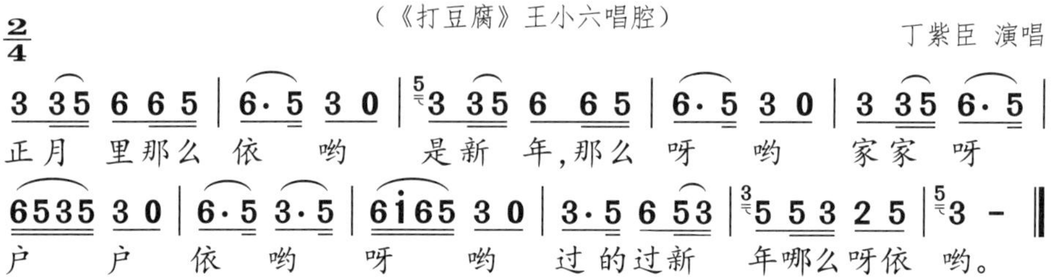

谱例 33：

打纸牌调②
（男女不分腔）

程积善 演唱

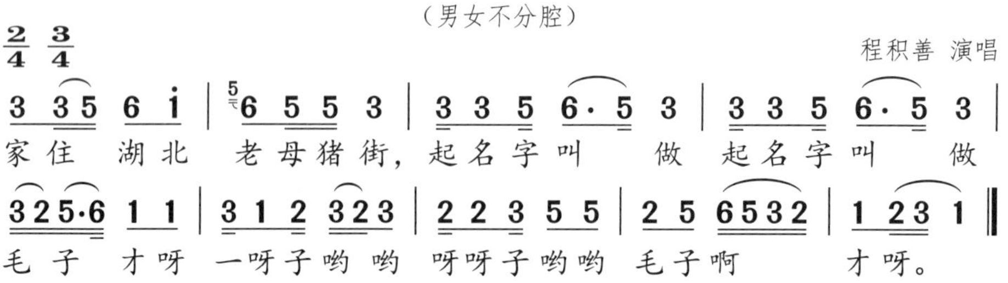

谱例 34：

补背褡调③
（《补背褡》男女同腔）

王少舫 演唱
时白林 记谱

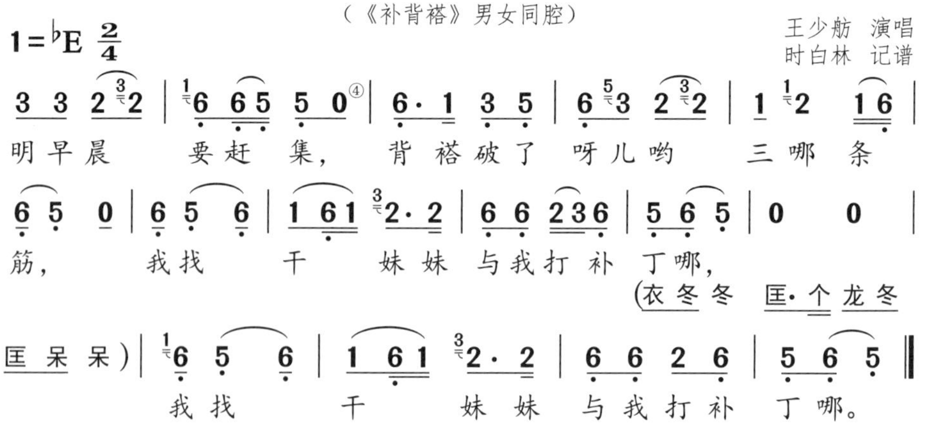

---

① 时白林：《黄梅戏音乐概论》，北京：人民音乐出版社，1993年，第79～80页。
② 时白林：《黄梅戏音乐概论》，北京：人民音乐出版社，1993年，第80页。
③ 时白林：《黄梅戏音乐概论》，北京：人民音乐出版社，1993年，第80～81页。
④ 此处也可唱成 |6 3 2 1 | 2 6 5|。
　　　　　　　　 明早 起 要赶集，

谱例 35：

烟 袋 调①

(《补背褡》男女同腔，此系旦唱)

田玉莲 演唱
时白林 记谱

小小烟袋点翠兰哪，小小郎儿来 乖巧郎儿来 烟袋
(衣冬冬 匡·个龙冬 匡 呆)

买了心肝呀依哟 瓜子调儿嗦 哎哎哟 哎哟 多少 钱呐？我的干哥。
(衣冬冬 匡·个龙冬 匡 呆)

哎哎哟 哎哟 多少 钱呐 我的干哥。

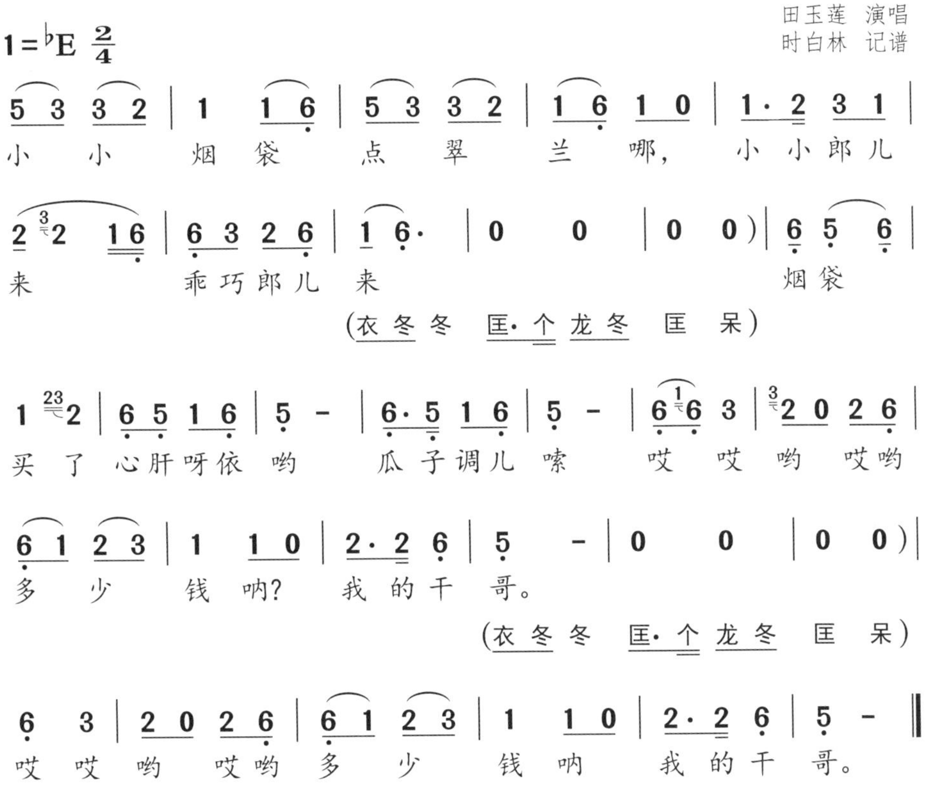

谱例 36：

椅 子 调②

(《补背褡》男女同腔)

王少舫、田玉莲 演唱
时 白 林 记谱

青的青丝发，依啫儿 呀 柳的柳叶
(衣冬衣冬 匡 呆)

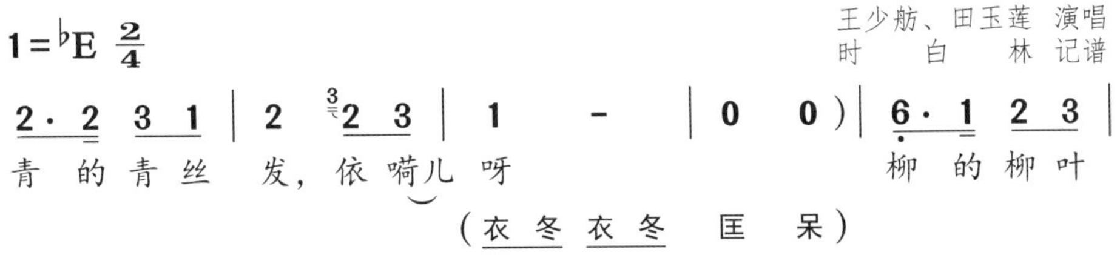

① 时白林：《黄梅戏音乐概论》，北京：人民音乐出版社，1993年，第81～82页。
② 时白林：《黄梅戏音乐概论》，北京：人民音乐出版社，1993年，第82～83页。

$| \underset{\frown}{1\ 2}\ \underset{\frown}{\overset{\frown}{2\ 2\ 1\ 6}}\ |\ 5\ -\ |\ 0\ 0)\ \underset{\frown}{1\ 1}\ \underset{\frown}{\overset{\frown}{3\ 5}}\ |\ 6\ -\ |\ \underset{\frown}{6\ 2}\ \underset{\frown}{2\ 6}\ |$

眉，依 嗬 儿 呀　　　　　　樱桃依嗬 嗨　　小口依嗬儿
（衣冬衣冬 匡 呆）

$\underset{.}{5}\ \underset{.}{0}\ \underset{.}{5}\ |\ \underset{\frown}{6\ 6}\ \underset{.}{0}\ \underset{.}{5}\ |\ \underset{\frown}{6\ 6}\ \underset{.}{0}\ \underset{.}{5}\ |\ \underset{\frown}{6\cdot 1}\ \underset{\frown}{2\ 3}\ |\ \underset{\frown}{1\ 2}\ \underset{.}{6}\ |$

呀　 得儿 糯呀　 得儿 糯呀　 得儿 糯的 糯米 牙，我的

$\underset{.}{5}\ \underset{\frown}{6\ 3}\ |\ \underset{.}{5}\ -\ |\ 匡\cdot 个\ 龙\cdot 冬\ |\ 匡\ 呆)\underset{.}{5}\ |\ \underset{\frown}{6\ 6}\ \underset{.}{0}\ \underset{.}{5}\ |$

干｛哥　哥！　　　　　　　　　　　　 得儿 糯呀　得儿
　 妹　妹！
（衣冬衣冬

$\underset{\frown}{6\ 6}\ \underset{.}{0}\ \underset{.}{5}\ |\ \underset{\frown}{6\cdot 1}\ \underset{\frown}{2\ 3}\ |\ \underset{\frown}{1\ 2}\ \underset{.}{6}\ \underset{.}{5}\ |\ \underset{\frown}{6\ 3}\ |\ 5\ -\ \|$

糯呀　得儿 糯的 糯米 牙 我的 干｛哥　哥。
　　　　　　　　　　　　　　　　　 妹　妹。

谱例37：

送绫罗对板①

（《送绫罗》小旦、小生唱腔）

丁俊美 演唱
时白林 记谱

$1=F\ \dfrac{2}{4}$

$\underset{\frown}{3\ 3}\ \underset{\frown}{2\ 1}\ \underset{\frown}{2\ 2}\ |\ \underset{\frown}{\overset{1}{2}\cdot 6}\ \underset{.}{5}\ |\ \underset{\frown}{3\ 3}\ \underset{\frown}{2\ 1}\ \underset{\frown}{2\ 2}\ |\ \underset{\frown}{3\ 3}\ \underset{\frown}{1\ 2}\ |\ \underset{\frown}{2\ 3}\ 1\ |$

（妹）一见　干哥哥　生得坏，不辞　干哥哥　走出

$\underset{\frown}{2\cdot 3}\ \underset{\frown}{1\ \underset{.}{6}}\ |\ 5\ -\ |\ 0\ 0\ |\ 0\ 0\ |\ 0\ 0\ |$

来。　　　（衣冬冬 匡 匡·个 令匡 令 匡呆呆）

〔对板〕

$\|:\ \underset{\frown}{5\ 3}\ \underset{\frown}{3\ 5\ 3}\ |\ \underset{\frown}{\overset{\#1}{2}\cdot 3}\ 1\ |\ \underset{\frown}{1\ 2\ 3\ 2}\ \underset{\frown}{2\ 1\ 6}\ |\ 5\ -\ :\|\ \underset{\frown}{2\cdot 2}\ \underset{\frown}{5\ 5}\ |$

（哥）干妹妹前面　走，　　为何　不回　来？
（妹）回来　就回来，　　　把我 怎安　排？（伴）抬头来观

---

① 时白林：《黄梅戏音乐概论》，北京：人民音乐出版社，1993年，第89页。

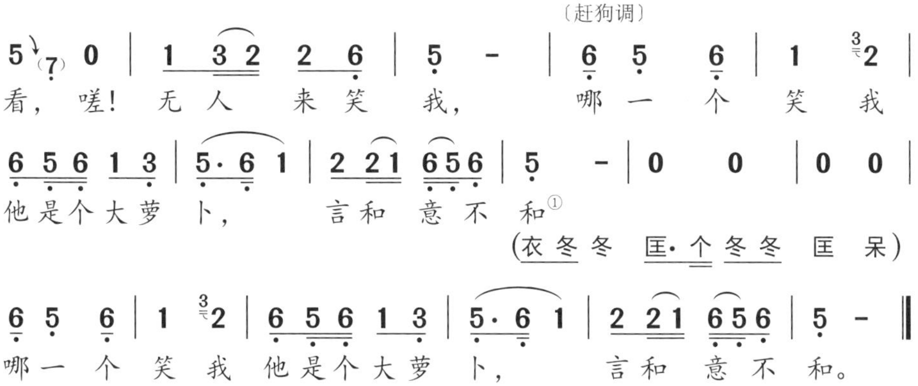

〔赶狗调〕

5 (7) 0 | 1 3̂2 2 6 | 5 - | 6 5 6 | 1 ³₍₂₎ |
看，嗟！无人来笑我，　　哪一个笑我

6 5 6 1 3 | 5·6 1 | 2 21 6 5 6 | 5 - | 0 0 0 0 |
他是个大萝卜，　言和意不和①
　　　　　　　　（衣冬冬 匡·个冬冬 匡呆）

6 5 6 | 1 ³₍₂₎ | 6 5 6 1 3 | 5·6 1 | 2 21 6 5 6 | 5 - ‖
哪一个笑我　他是个大萝卜，　言和意不和。

谱例38：

纺线纱女腔②

（《纺线纱》旦唱腔）

潘泽海　演唱
时白林　记谱

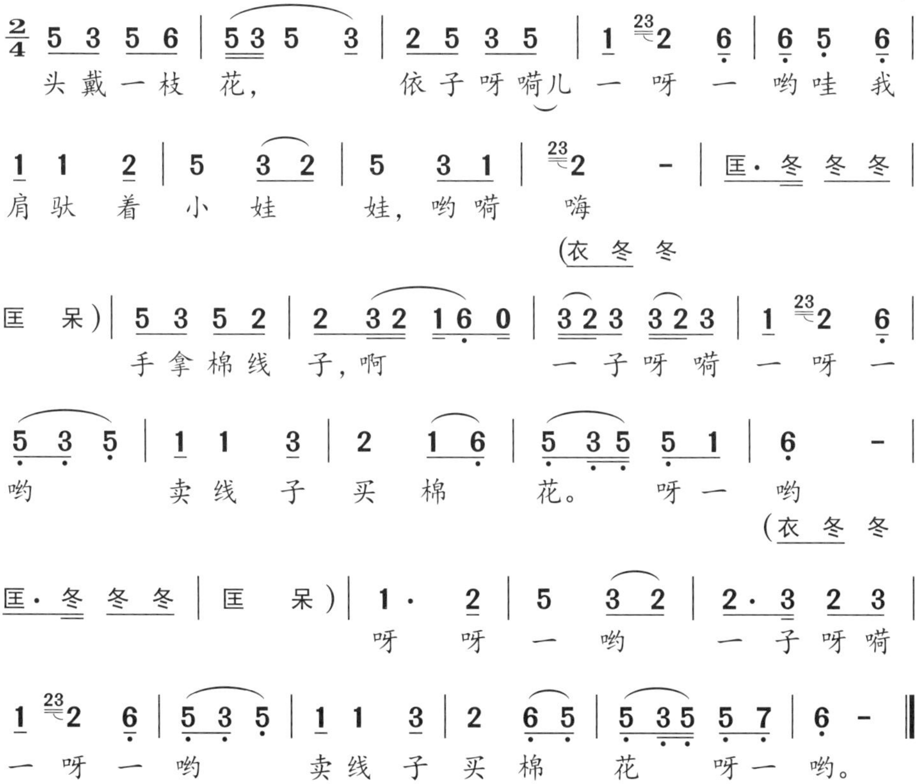

²⁄₄ 5 3 5 6 | 5 3 5 3 | 2 5 3 5 | 1 ²³2 | 6 6 5 6 |
头戴一枝花，　依子呀嗬儿一　呀一　哟哇我

1 1 2 | 5 3̂2 | 5 3 1 | ²³2 - | 匡·冬冬冬 |
肩驮着小娃娃，哟嗬嗨
　　　　　　　　　　　　（衣冬冬

匡呆）| 5 3 5 2 | 2 3 2 1 6 0 | 3 2 3 3 2 3 | 1 ²³2 6 |
　　　手拿棉线子，啊　　一子呀嗬一呀一

5 3 5 | 1 1 3 | 2 1 6 | 5 3 5 5 1 | 6 - |
哟　　卖线子买棉　花。　呀一哟
　　　　　　　　　　　　　　　　　（衣冬冬

匡·冬冬冬 | 匡呆）| 1· 2 | 5 3̂2 | 2·3 2 3 |
　　　　　　　呀　呀一哟　一子呀嗬

1 ²³2 6 | 5 3 5 | 1 1 3 | 2 6 5 | 5 3 5 5 7 | 6 - ‖
一呀一哟　卖线子买棉　花　呀一哟。

---

① "言和意不和"是衬词，其作用与"呀子依子呀"之类相同，不表达什么意思。
② 时白林：《黄梅戏音乐概论》，北京：人民音乐出版社，1993年，第94～95页。

从唱腔上看，花腔小戏的唱腔有如下几个特点：

(1)专戏专用的花腔小调

黄梅戏传统小戏里的曲调，常常使用不同种类的唱腔，属于专戏专用。比如，"绣荷包调"只用在《绣荷包》这出戏里。"开门调""观灯调"只在《夫妻观灯》这出小戏里使用。"打猪草调""对花调"只在《打猪草》里用。"补背褡调""烟袋调""椅子调"只在《补背褡》这出小戏里使用。还有其他一些小戏不一一举例。这些曲调只用在对应的戏中。专戏专用使黄梅戏小戏具有鲜明的音乐个性、风格特点。从黄梅戏小戏中出现的民歌痕迹中不难发现，传统的黄梅戏曲调汲取了很多民歌的养分。

(2)唱腔中多用衬字

唱腔中多用"依子呀依哟"（"打猪草调"）、"溜儿梭"（"汲水调"）之类的衬字，这也是民歌的特点。过去的民歌多用衬字。民歌的一部分音乐渐渐被戏曲唱腔吸收成为自己的音乐形式。

除"花腔"以外，"彩腔"也是黄梅戏"花腔小戏"中的主要唱腔，其同样来源于民间音乐。"彩腔"既不像正本大戏里"主调"唱腔那样已经完成了系统的板腔化，又不像"花腔小戏"中专戏专用的"花腔"那样有很强的独立性，在音乐形制上，"彩腔"呈现出一种介于"花腔"和"主调"之间的形态。因此，它既可以同时与"花腔"或"主调"并存，也可以单独成戏。与"花腔"在传统剧目中基本只专用于"花腔小戏"中不同（只有极少数用于串戏和正本大戏中），"彩腔"是正本大戏中的主要唱腔，后面有具体介绍。

"彩腔"因其适应性强、使用面广的特性，历来在传统的各个腔体中使用率名列前茅。比如《夫妻观灯》中王小六出场时唱的就是"彩腔"，《游春》《苦媳妇自叹》整出小戏都是以"彩腔"为主演唱的，大戏《天仙配》中的《龙归大海》《女驸马》中的《恭喜你少年得志名扬天下》用的也是"彩腔"。小戏《游春》，除了赵翠花在剧中唱了一段"菩萨调"，其余用的全是

"彩腔"；小戏《戏牡丹》除了几句"火攻"，唱的也全是"彩腔"。"彩腔"音乐色彩丰富，非常有特点，极大地丰富了人物的形象。

关于"彩腔"的分类，有将其归入"主调"的，也有将其单独列为一个腔系的。鉴于其特殊性，这里介绍来源时将"彩腔"与"花腔"一并介绍，后文介绍其旋律时将"彩腔"与"主调"放在一起，不再注明。

2. 主调类（板腔体）

黄梅戏正本大戏的产生比花腔小戏要晚，很大程度上受到过"高腔""徽调""京剧"这些当时相对成熟剧种的影响。由于正本大戏里表现的故事情节和人物比小戏复杂得多，为了完整地展现故事和人物，正本大戏的唱词句法组成多为完整的十字句和七字句、五字句，曲调的节拍都有固定的板眼。正本大戏中词曲表达的是丰富曲折的人物故事，突破了"花腔小戏"用一个或数个"花腔小调"反复演唱短小唱词的情况，经过长期的摸索，逐渐形成一整套固定的、形式丰富的曲调样式。这些成套的曲调在不同的戏中相互套用，成为黄梅戏的"主要腔调"，这些都是说唱音乐的特点。

"主调"又名"正腔"，属于板腔体，之所以名为"主调"就是因为它是黄梅戏正本大戏中最重要、最复杂、最具代表性的腔系，常用的有平词、对板、火攻、八板、二行、三行、仙腔、阴司腔、彩腔、哭板（有专家将"彩腔"单独列为一个腔系，也有专家将"彩腔""仙腔""阴司腔"单独列成一个腔系，名为"三腔"）。

从现有的材料中可以看出，黄梅戏"主要腔调"有的来自"道情"、有的来自"弹词"、有的来自"花鼓腔"、有的来自"高腔"、有的来自"徽调"，来源十分丰富。

(1)来自"道情"

"道情"是一种说唱音乐,多用于道士的演唱,以前在安庆附近以至湖北东部的农村中,可以听到道情演唱。"道情"演唱的有《湘子传》《八仙图》等故事,用渔鼓、简板作为乐器伴奏,也有用小锣、铙钹伴奏的。黄梅戏正本大戏中的"仙腔"和它有亲缘关系。黄梅戏《湘子化斋》的唱腔就有很多是"道情"。

(2)来自"弹词"

"弹词"又称"平词"。在黄梅戏正本大戏中,"平词""二行""三行""八板""火工""对板"等唱腔占主要地位。从唱词、唱腔的特点来看,弹词是来自民间的说唱音乐。它的唱词较长,可以演唱大段的故事,音调分明,在曲调的处理上也是规整的上下句,黄梅戏的平词、二行、八板等唱腔都有这些特点。

(3)来自"花鼓腔"

正本大戏和花腔小戏所共用的彩腔,是来自湖北"花鼓"的"花鼓腔",或称为"四平腔"。湖北的"花鼓腔"原来是流行于两湘一带农村的花鼓,后逐渐形成小戏。花鼓腔唱腔则是四句反复式的民歌体唱腔,后来和许多小戏剧目一同传到安徽。在黄梅戏的发展过程中,"花腔"打破了四句反复的规律,增加了数板和迈腔,使音乐的表现能力更加丰富,成为戏剧性较强的唱腔。

(4)来自"高腔"

"高腔"也就是江西的"弋阳腔",在清初已盛行于安徽。黄梅戏中有一部分正本大戏就运用了"高腔"的音乐元素,因此在清末黄梅戏也曾一度被称为"二高腔"。由此可以看出,黄梅戏的"仙腔"和"高腔"有着不可分割的关系。比如在《山伯访友》《钓蛤蟆》《小尼姑下山》《张三求子》等戏中就运用了许多"高腔"的音乐元素。

(5)来自"徽调"

"徽调"是早年在安庆一带流行的大剧种,是"徽剧"的前身。说起"徽调"不得不提起"徽班"。"徽班"指的是演"徽调"的戏班,"徽班"里的演职人员有很多来自安庆。[①]"徽调"本身由弋阳腔、昆腔、梆子腔演变而来,后来又糅进了高拨子、吹腔和西皮、二黄。"徽班"演员不只唱"徽调",而是昆(曲)乱(弹)不挡,花(部)雅(部)同台。花部所包括的戏曲曲种在很长一段时间内,受到上层社会及封建文人的歧视,被视作不能登大雅之堂的俗乐。而花部戏曲与雅部昆曲却在"徽班"里共存互动,舞台演出效果相得益彰,所演之处受到广大观众的喜爱。

自康熙年间开始,随着手工业、商业、运输业和盐业的发展,扬州的经济文化得到快速发展,为民间戏剧艺术的繁荣打下基础。乾隆年间,扬州是全国戏曲活动的中心。乾隆六下江南,扬州的商贾为迎接圣上,邀集各地诸腔杂调的戏班奉演大戏,"徽调"的戏班子个个色艺俱佳,演出最受欢迎。因此有"怀宁歌者甲天下,安庆色艺更佳"的说法。"徽班"第一个进京演出的是"三庆班",班主就是安庆人高朗亭。乾隆五十五年(1790年),为庆贺乾隆八十寿诞,多个曲种被招进京。有了"三庆班"成功进京的先例,之后"四喜班""春台班""和春班"等徽班相继赴京,在之后50年间与其他剧种兼容并蓄,形成了中国京剧。

由于当时戏班演出流动性强,徽班演员又多为安庆人,"徽调"舞台艺术样式已趋于完善,流动到安庆演出非常受欢迎。当时在乡野艰难生长着的黄梅小戏,被官府以"花鼓淫戏""有伤风化"为名长期禁止演出,而"徽调"在安庆有着合法的演唱许可,规模又相对完整,因此黄梅戏的

[①] 谢思球:《大徽班》,北京:安徽文艺出版社,2021年,第308页。

前辈艺人不得不与"徽调"艺人合作搭班演出。①

在与"徽调"长期合作中受其影响,黄梅戏的唱腔得到了快速的发展。如《二龙山》《卖花记》中花腔的唱腔完全是从老"徽调"中吸取的,平词和哭板的演唱中有京剧的味道就与老"徽调"有关。经专家研究,黄梅戏净角的唱腔几乎完全出自"徽调",生旦角色唱腔中的导板、哭板也都是从"徽调"中借鉴来的,道白、表演上就更是借鉴了"徽调"许多方法,极大地丰富了自己的唱腔。我们目前看到的黄梅戏《天仙配》"路遇"一场戏中,槐荫树唱的"槐荫开口把话提"就是高腔的曲调。

二、"主调"各腔体简介

下面重点对黄梅戏主调中常用的平词、对板、火攻、八板、二行、三行、仙腔、阴司腔、彩腔、哭板等唱腔的特点进行介绍。

1. 平词

"平词"又叫"平板""正腔正板",或者是"正腔正唱",分"女平词"和"男平词"(本教材对所有腔体的介绍,都遵循前辈学者先介绍女腔后介绍男腔的习惯,后不注),一般为4/4记谱。"平词"的曲调旋律变化比较多,适应性强,常用于表现人物复杂的内心情感,具有严肃、庄重、大方、优美的特点。"平词"的唱词可以演唱规则的十字句、七字句、五字句,也可以演唱不规则的长短句,是正本大戏包括一些小戏中使用率最高的腔体。

"平词"的基本曲式结构由起板句(变化后的上句)、下句、上句、落板句四个不等的长短句构成,这四个不等的长短句形成了唱腔的起、承、转、合的结构。时白林先生在《黄梅戏唱腔赏析》一书中为我们总结归纳了"平词"基本结构的范例(所谓基本结构只是基本框架,实际演唱则是

---

① 本段参考了以下资料:孟彭兴:《话说中国第14卷落日余晖1644年至1840年的中国故事下》,上海:上海文化出版社,2016年,第287页。丁牧:《中国戏剧的历史》,北京:中国商务出版社,2018年,第108~110页。徐潜主编:《中国戏曲》,吉林:吉林文史出版社,2014年,第49页。

千变万化的,后不注),从中我们可以看出"平词"这个腔体的一般旋律、唱词字数及字位安排,以及它的"运作规律"——从"起板句"开始,至"落板句"收尾,中间的"下句""上句"可无限反复,以配合不同体量的叙事或抒情。

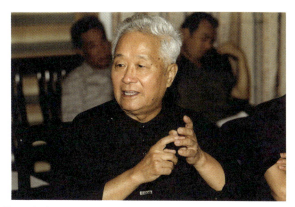

著名黄梅戏作曲家时白林先生(图片由时白林提供)

先看"女平词"的结构范例:

谱例39:①

$1=\flat E$ $\frac{4}{4}$

♩=72

(1·2 325 2·321 6561 | 5·6 55 2343 55)|

(起板句)

5 6̄5 25 3·2 12 | 6̣ 5̣ (52 35 3) | 5 56 321 2·3 1·212 |

一 二 三 四   五

3·1 2 53 | 2·3 12 6̣ 5̣ (53 | 23 321 6123 216 |

      六 七,

---

① 时白林:《黄梅戏唱腔赏析》,上海:上海音乐出版社,2013年,第13页。

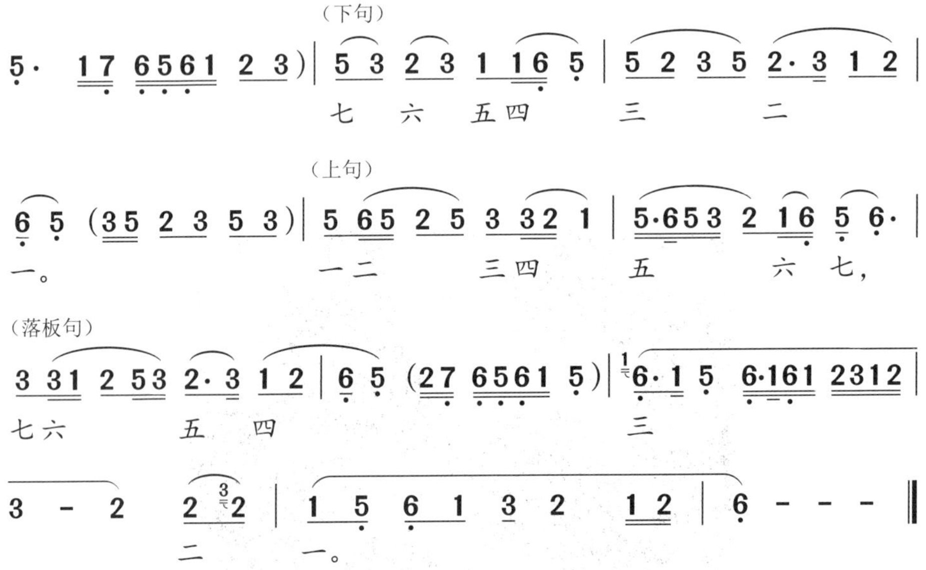

实际唱例《女驸马·绣楼独叹·春风送暖到襄阳》：

谱例 40：

春风送暖到襄阳①

（《女驸马》冯素珍唱腔）

陆洪非 等词
时白林 编曲

1=♭E 4/4

慢速 愁闷、缠绵地

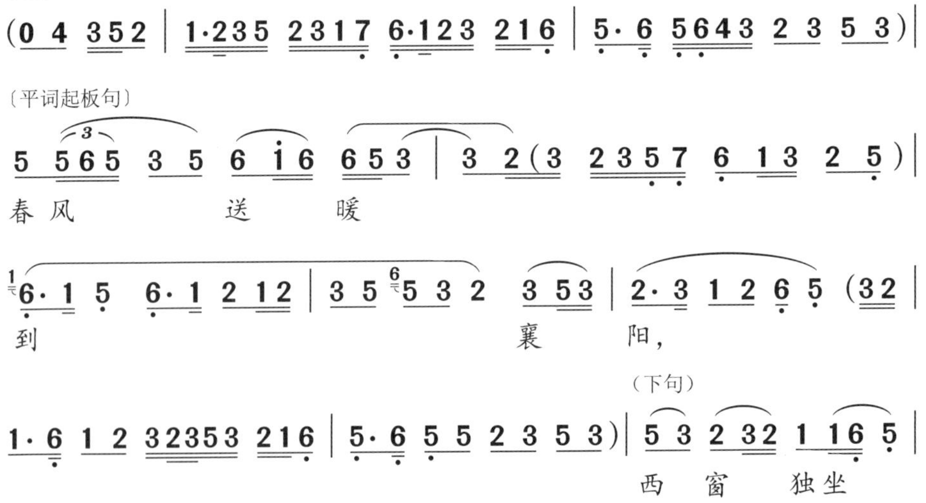

〔平词起板句〕

春风　　送　暖

到　　　　襄阳，

（下句）

西窗　独坐

---

① 时白林：《黄梅戏唱腔赏析》，上海：上海音乐出版社，2013年，第14～15页。

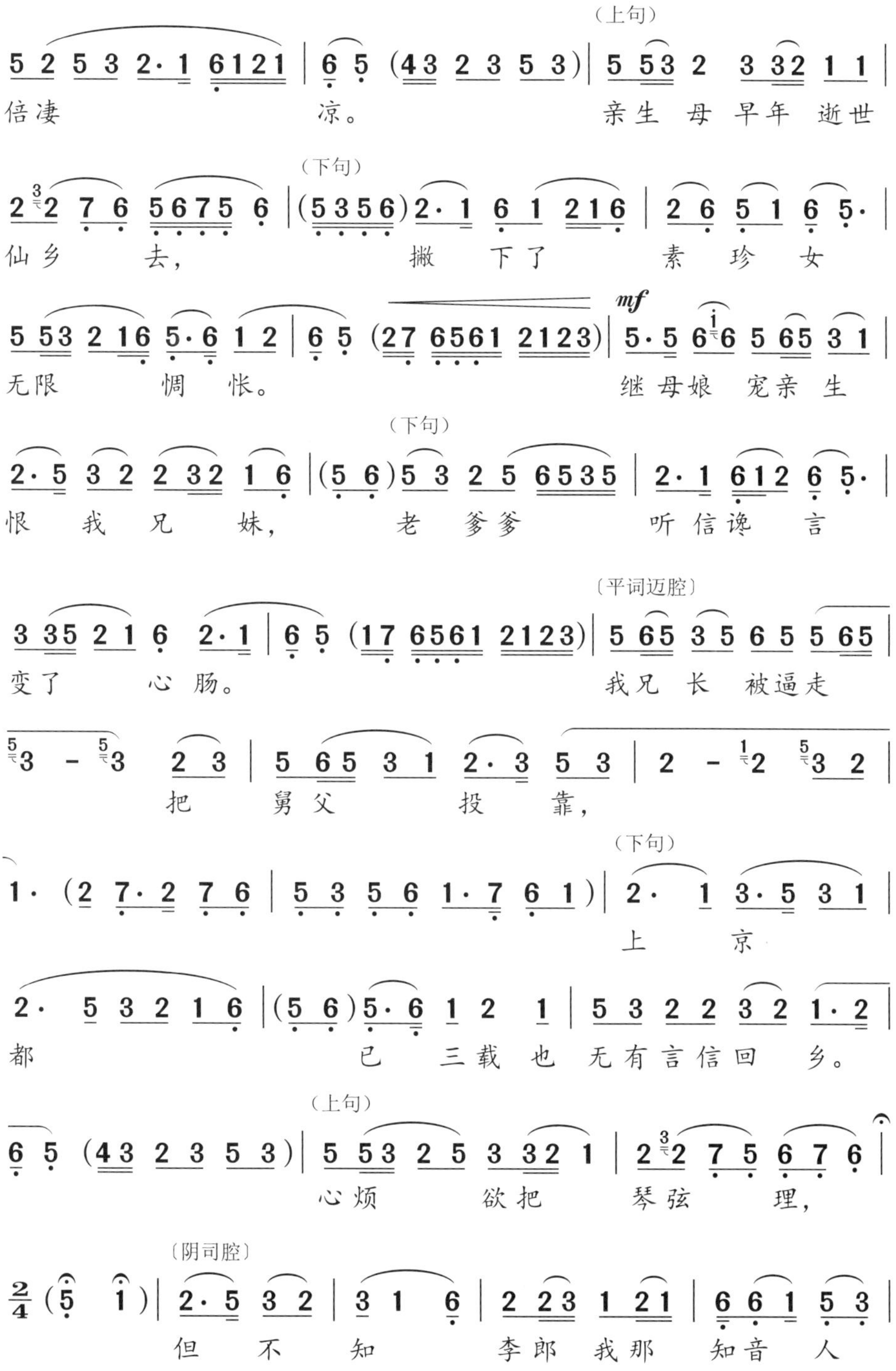

(上句)
倍凄凉。　亲生母早年逝世

(下句)
仙乡去，　撇下了素珍女

无限惆怅。　继母娘宠亲生

(下句)
恨我兄妹，老爹爹听信谗言

〔平词迈腔〕
变了心肠。　我兄长被逼走

把舅父投靠，

(下句)
上京

都　　　已三载也无有言信回乡。

(上句)
心烦欲把琴弦理，

〔阴司腔〕
但不知李郎我那知音人

```
       稍快
      ⌒                    ⌒        ⌒
     5.6 1 2 1 | 5 6  5 3 | 5 6 6 5 3 | 2  3 5 2 3 | 5 3 5  5 4 3 5
```
（帮）今　在　何　　方，

```
 ⌒              ⌒         ⌒
 6 5 6  1 | 5 1 2 1 3 | 5 5 6 5 3 | 2·（3 | 5·3 5 6
```
　　　　　　　　　今 在 何　方。（帮止）

原速

```
                            ⌒
 1·2 | 3  5 | 7·2 7 | 6 5 3 2 1 6 | 4/4 5·6 5 6 4 3 2 3 5 3)
```

〔平词迈腔〕
```
 ⌒           ⌒           ⌒        ⌒
 5 5 6 5 6 3 3 2 1 | 5 6 5 3 1 2·3 5 3 | 2 3 2 1 (6 1 2 3 5 2 1 6
```
绣起　鸳鸯　难成　对，

（落板句）
```
 ⌒            ⌒         ⌒       ⌒
 5·4 3 2 5 2 3 4 3 5 3) | 5 5 3 2 5 3 2 1·2 | 6 5 (1 7 6 5 6 1 2 3)
```
　　　　　　　　　何日　里能 与　他

```
 ⌒       ⌒               ⌒
 5 6 5 3 1 2·3 5 6 5 | 3 - 2 3 2 1 | 5 6 5 3·5 2 -  ‖
```
比 翼　　　　　　　　　飞 翔？

这段唱腔是时白林先生在黄梅戏传统唱腔板式基础上创作出的经典唱段。① 唱段只有十二句唱词，展现了大家闺秀冯素珍在绣楼里，对着拂面的春风分外思念亲人的心情。冯素珍想起不幸早逝的母亲，想到自从亲生母亲去世她有了继母以后，继母不仅没有给予爱还狠心挑唆父亲，对冯素珍兄妹非常刻薄，兄长被逼得离家出走，杳无音信。此时的冯素珍坐在闺房的窗前，暖暖的晨风吹来，非但没能抚慰她孤独的心境，反而使她备感凄凉。为了表现出冯素珍此时孤独凄凉的内心，曲作家在唱段曲调旋律上，根据人物此时此刻的情绪，在唱腔结构上进行了细致的编排。从平词起板句、下句、上句（以下句、上句反复的形式来叙事、抒情）、迈腔、阴司腔、落板，虽然唱词由七字句、十字句、十三字句混合组

---

① 王长安主编：《中国黄梅戏》，合肥：安徽文艺出版社，2009年，第304页。

成,但腔体样式工整,唱腔的情绪表达如行云流水、自然流畅。这段唱腔也是"平词"曲调的基本构架。黄梅戏唱腔腔系是黄梅戏艺人在长期的艺术实践中为了表现日益复杂的剧情、情节和人物情感变化,归纳出的一套既便于掌握又带有若干程式性、补充性的情绪化乐句,这种乐句也是构成板腔体的必要条件。

再看"男平词"的结构范例:

谱例41:①

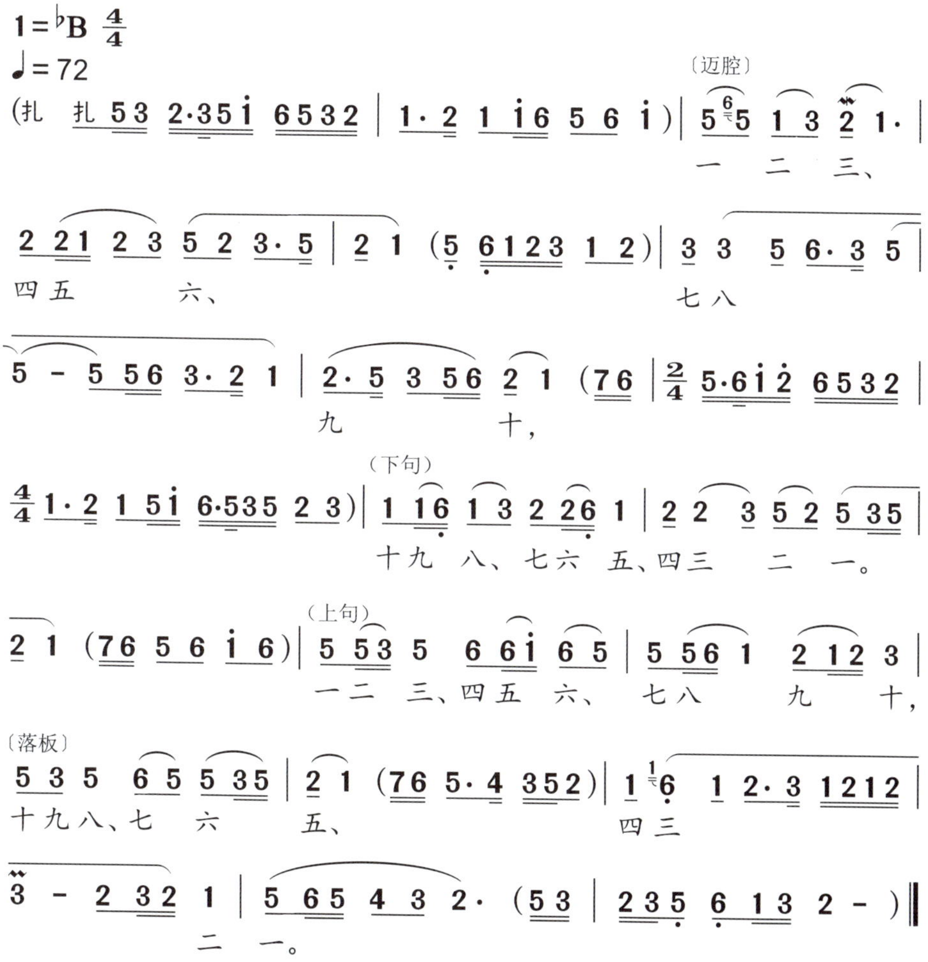

[乐谱]

---

① 时白林:《黄梅戏唱腔赏析》,上海:上海音乐出版社,2013年,第15～16页。

实际唱例《蓝桥会·年年有个三月三》：

谱例 42：

年年有个三月三①

（《蓝桥会》魏魁元唱腔）

王少舫 演唱
夏英陶 记谱

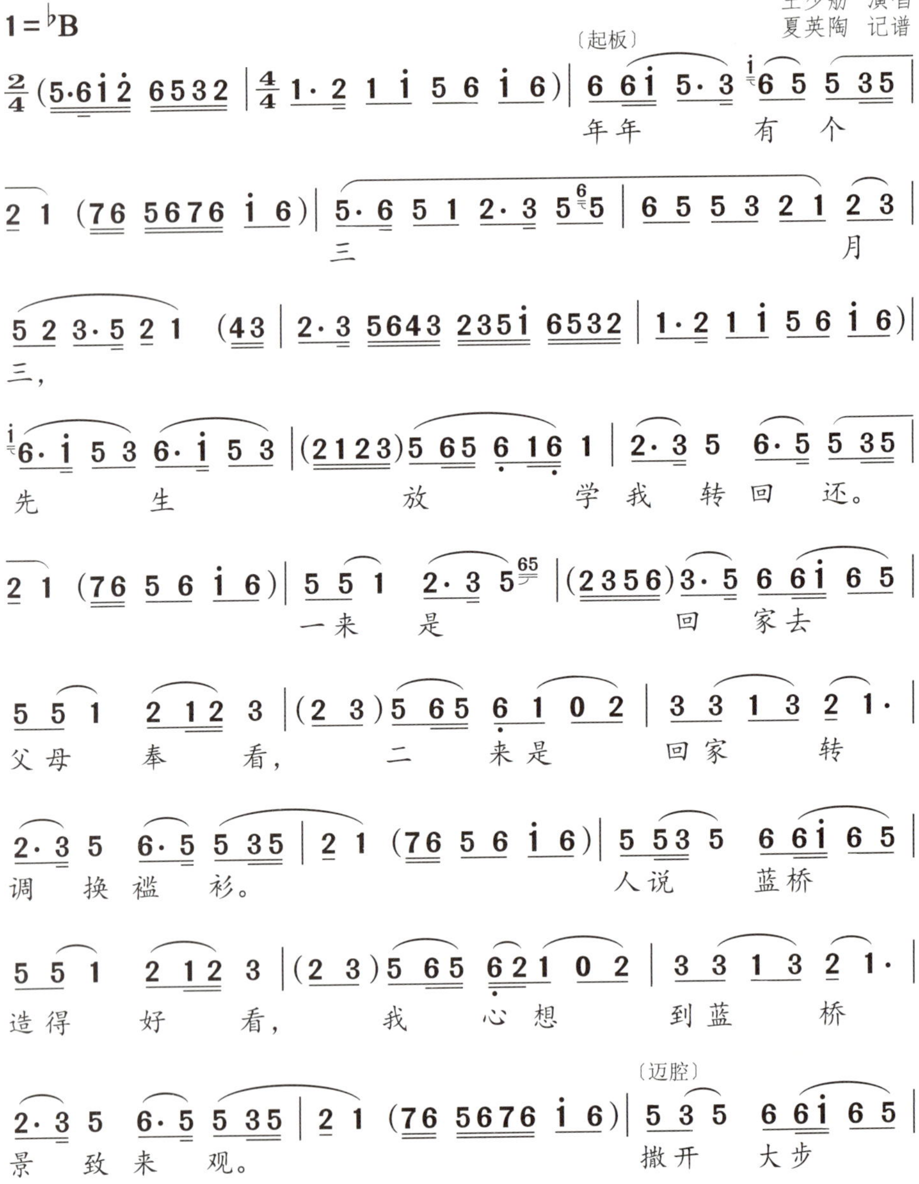

$1=^\flat B$

〔起板〕

$\frac{2}{4}$(5·6 12 6532 | $\frac{4}{4}$ 1·2 11 56 16) | 66 1 5·3 | 6 5 5 35
　　　　　　　　　　　　　　　　　　　　　年年　有　个

21 (76 5676 16) | 5·6 51 2·3 5 $\overset{6}{5}$ | 65 53 21 23
三　　　　　　　　　　　　　　　　　　　　　　月

523·5 21 (43 | 2·3 5643 2351 6532 | 1·2 11 56 16) |
三，

1·6 153 6·1 53 | (2123) 565 6 16 1 | 2·3 5 6·5 5 35
先　生　放　　　　　　　学　我　转　回　还。

21 (76 56 16) | 551 2·3 5 $\overset{65}{}$ | (2356) 3·5 66 16 5
　　　　　　　　　　一来　是　　　　　回　家 去

551 212 3 | (23) 565 61 02 | 331 321·
父母　奉　看，　二　来 是　回家 转

2·3 6·5 5 35 | 21 (76 56 16) | 553 5 66 16 5
调　换 襟　衫。　　　　　　　人说　蓝　桥

551 212 3 | (23) 565 621 02 | 331 321·
造得　好　看，　我 心 想　到蓝　桥

〔迈腔〕

2·3 6·5 5 35 | 21 (76 5676 16) | 535 66 16 5
景　致 来　观。　　　　　　　撒开　大 步

---

① 时白林：《黄梅戏音乐概论》，北京：人民音乐出版社，1993年，第197～199页。

第四章 黄梅戏的声腔音乐

$5\ 5\ 1\ \ 2\cdot3\ 4\ |\ 3\cdot\ (2\ \ 2\ 3\cdot\underline{2}\ 1\ 2\ |\ 3\ \ 4\ \ 3\cdot\underline{2}\ 1\ 2\ |$
蓝 桥 往，

$3\ 2\ 3\ 0\ 2\ \ 3\ 2\ 3\ 5\ \dot{1}\ \ 6\ 5\ 3\ 2\ |\ 1\cdot\underline{2}\ 1\ \dot{1}\ \ 5\ 6\ 7\ 6\ \dot{1}\ 6)\ |\ \dot{1}\ \dot{6}\cdot\ \dot{1}\ 5\ 3\ \ 6\cdot\dot{1}\ 5\ 3$
话 不

$(2\ 3)\ 5\ 6\ 5\ \ 6\ \dot{1}\ 6\ 1\ |\ 2\cdot\underline{3}\ 5\ \ 6\cdot\underline{5}\ 5\ 3\ 5\ |\ 2\ 1\ \ (7\ 6\ 5\ 6\ \dot{1}\ 6)\ |$
虚 传 果 是 真 言。

$\|:\ 5\ 3\ 5\ \ 6\ 6\ \dot{1}\ 6\ 5\ |\ 5\ 5\ 1\ 2\ 1\ 2\ 1\ 2\ 3\ |\ (2\ 3)\ 5\ 6\ 5\ \ 6\ \dot{1}\ 6\ 1\ |$
这蓝桥造得 有七 孔， 三 孔
玉石 狮子 在桥头 站， 乌 木
也有 大船 上湖 广， 也 有

$3\cdot\underline{5}\ 1\ 3\ 2\ 1\cdot\ |\ 2\cdot\underline{3}\ 5\ \ 6\cdot\underline{5}\ 3\cdot5\ |\ 2\ 1\ \ (7\ 6\ 5\ 6\ \dot{1}\ 6)\ :\|$
流 水 四 孔 干。
栏 杆 镶 两 边。
小 船 下 苏 杭。

$5\ 5\ 3\ 5\ \ 6\ 6\ \dot{1}\ 6\ 5\ |\ 5\ 5\ 1\ \ 2\ 1\ 2\ 3\ |\ (2\ 3)\ 5\ \ 6\ 1\cdot\ |$
见几个 老渔翁 手执 钓 竿， 见几个

$3\ 3\ 1\ 3\ 2\ 1\ \ 1\ |\ 2\cdot\underline{3}\ 5\ \ 6\cdot\underline{5}\ 5\ 3\ 5\ |\ 2\ 1\ \ (7\ 6\ 5\ 6\ \dot{1}\ 6)\ |$
大姐 们 在 漂 洗 褴 衫。

$\|:\ 1\ \dot{1}\ 6\ 1\ \ 2\ 2\ 3\ 5\ ^{65}\ |\ 5\ 5\ 1\ \ 2\ 1\ 2\ 3\ |\ (2\ 3)\ 5\ \ 6\ 1\cdot\ |$
这蓝 桥造得 好 缺少 一 样， 缺少个
人说 蓝桥 边 有蓝井， 我心想

$3\ 3\ 1\ 3\ 2\ 1\cdot\ |\ 2\cdot\underline{3}\ 5\ 5\ 6\ 5\ 5\ 3\ 5\ |\ 2\ 1\ \ (7\ 6\ 5\ 6\ \dot{1}\ 6)\ :\|$ （下略）
小 茶 棚 解 我的 口 干。
到 蓝 井 去 饮 清 泉。

这一段比《绣楼独叹》要长,有二十多句唱词,除"起板""迈腔"和"落板"以外,均以下句、上句反复的形式展现,曲调变化不大,可以说是"平词"叙事性的集中展现。也因为其曲调变化不大,"平词"向来是比较难唱的,旧时戏班中有句老话:"男怕《访友》(即《山伯访友》)、女怕《辞店》(即《小辞店》)。"其中就含有这层意思。《小辞店》这一折戏曲调变化不大,几乎全是"平词",很容易唱成"一道汤",非常考验演员的演唱功力。

2. 对板——"对唱"

在黄梅戏声腔中,"对唱"的专业术语叫作"对板",是黄梅戏腔系中的一种唱段形态。它应用广泛、极具黄梅戏特色。在男、女"平词""彩腔""仙腔""阴司腔"中均有不同旋律的"对板"。对板的演唱形式灵活多变,在演唱表演的过程中,常分为下列几种:

男、女各唱一句唱词的"对板",男唱上一句,女唱下一句,或反之。

男、女各唱半句唱词的"对板",男唱一句的上半句,女唱这一句的下半句,或反之。

男、女各唱两句或唱更多唱词的对板,根据唱词的内容,男、女可先后灵活起唱。

"花腔对板"是在花腔类的对板中,男、女角色保持在一个调高演唱的。黄梅戏是一个年轻的剧种,随着新剧目的不断增加,这些年来为了更深刻地表现剧中角色复杂的内在情感和思想,男、女声腔所使用的音域都有了大幅扩张,男腔的低音和女腔的高音,甚至扩展到了两个八度的范围,这在过去是远远达不到的。

在平词类的对板中,男、女唱腔在音调互转时要进行同主音不同宫系的调性、调式的转换演唱,由于平词对板在唱腔中是同主音转调,许多曲作者也常常在一个调式里进行记谱,这样既方便了乐队演奏的视奏,也方便了演员的视唱。[①]

[①] 王长安主编:《中国黄梅戏》,合肥:安徽文艺出版社,2009年,第304页。

传统的黄梅戏男、女对板唱腔在节奏板式上,大部分采用的是一板一眼,就是四二拍。现在的黄梅戏对板唱腔的节奏板式比之前丰富了很多,出现了四四拍、四三拍、八三拍、八六拍等不同形态的板式,在表现手法上也常常出现二重唱、三重唱、四重唱等形式。这种丰富多彩的黄梅戏对板令人耳目一新,深受观众喜爱、行家推崇。[①]

限于篇幅,本书不详细列举"对板"各种形式的谱例,在这里我们选出两段脍炙人口的"对板"唱段来说明它的形制、曲调风格特点(后文介绍相关腔体也仅介绍其基本结构,不再介绍其他"对板")。

谱例43:

满 工 对 唱[②]
(《天仙配》七仙女、董永唱腔)

陆洪非 等词
王文治、时白林 编曲

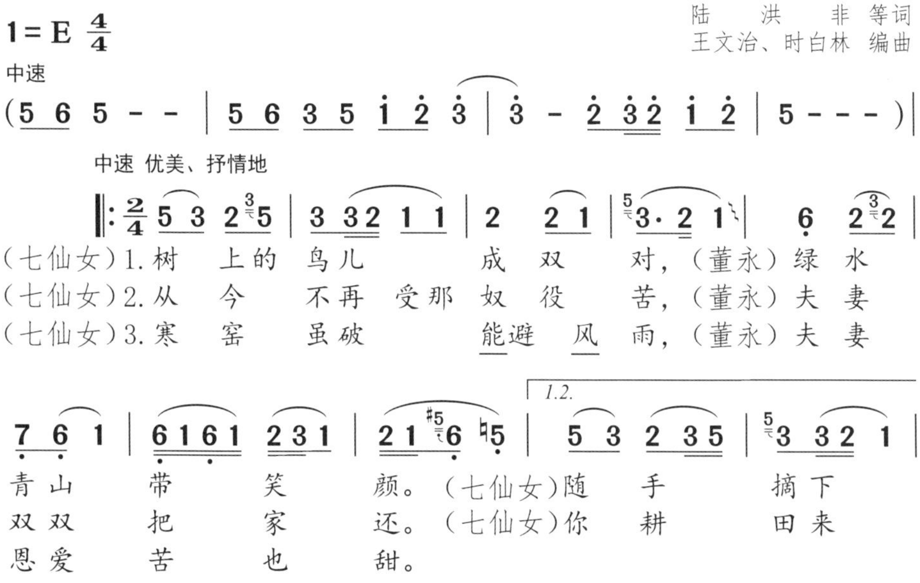

[①] 精耕编著:《黄梅戏专辑1海滩别:对唱篇》,合肥:安徽文艺出版社,2017年,前言第2~3页。
[②] 时白林:《黄梅戏唱腔赏析》,上海:上海音乐出版社,2013年,第25页。

```
2  2 1 | 5̲ 3·2 1 | 6̲  2 3̲ 2̲ | 7̲ 6̲ 1 | 6̲ 1 6̲ 1̲ | 2 3 1 |
花 一  朵，（董永）我 与    娘子    戴   发
我 织  布，（董永）我 挑   水来    你   浇
```

```
2 1̲ 6̲ #5̲ : ‖ 5̲ 5̲ 3 2̲ 5̲ | 6  5̲ 6̲ 5̲ 3̲ | 2  -  | 0 5̲ 3̲ 5̲ |
间。（七仙女）你我 好比 鸳鸯  鸟，      比翼
园。
 0     0 : ‖ 0   0  | 0 1̲ 6̲ 5̲ | 3·5̲ 2 1 | 2  -  |
                       （董永）好 比   鸳 鸯 鸟，
```

```
1·6̲ 5̲ 6̲ 5̲ 3̲ | 5  6 | 1·2̲ 5̲ 3̲ | 2 3 2̲ 1̲ 6̲ | 5̲ - ‖
双      飞   在 人     间。
1    2·1̲ | 3̲ 1̲ 2 | 1·2̲ 3̲ 1̲ | 2 3 2̲ 1̲ 6̲ | 5̲ - ‖
比翼   双  飞   在 人    间。
```

《满工对唱》在曲调和唱词上的美学特点，体现了对黄梅戏基本特征的传承，同时也是一种创新。这段唱腔前部分是中国传统民歌男女对唱形式，是对传统的继承；唱段的高潮结束处"你我好比鸳鸯鸟，比翼双飞在人间"两句，时白林先生大胆创新，把西洋复调的作曲技法融入黄梅戏曲调中，设计了复调式的男女重唱，使乐句旋律简繁结合、相互呼应，创作出具有新意的黄梅戏唱腔，既保留了黄梅戏曲调声韵特点，又符合声腔创作的一般规律，是对黄梅戏声腔艺术一大创新。《满工对唱》（后改名为《树上鸟儿成双对》或《夫妻双双把家还》）的旋律活泼悠扬，唱腔朗朗上口，可谓家喻户晓，人人传唱，极大地提升了黄梅戏剧种的影响力。

谱例 44：

海 滩 别[①]

（《风尘女画家》潘赞化、张玉良对唱）

林 青 词
精 耕 曲

1=♭E 2/4

中板 惆怅、不安地

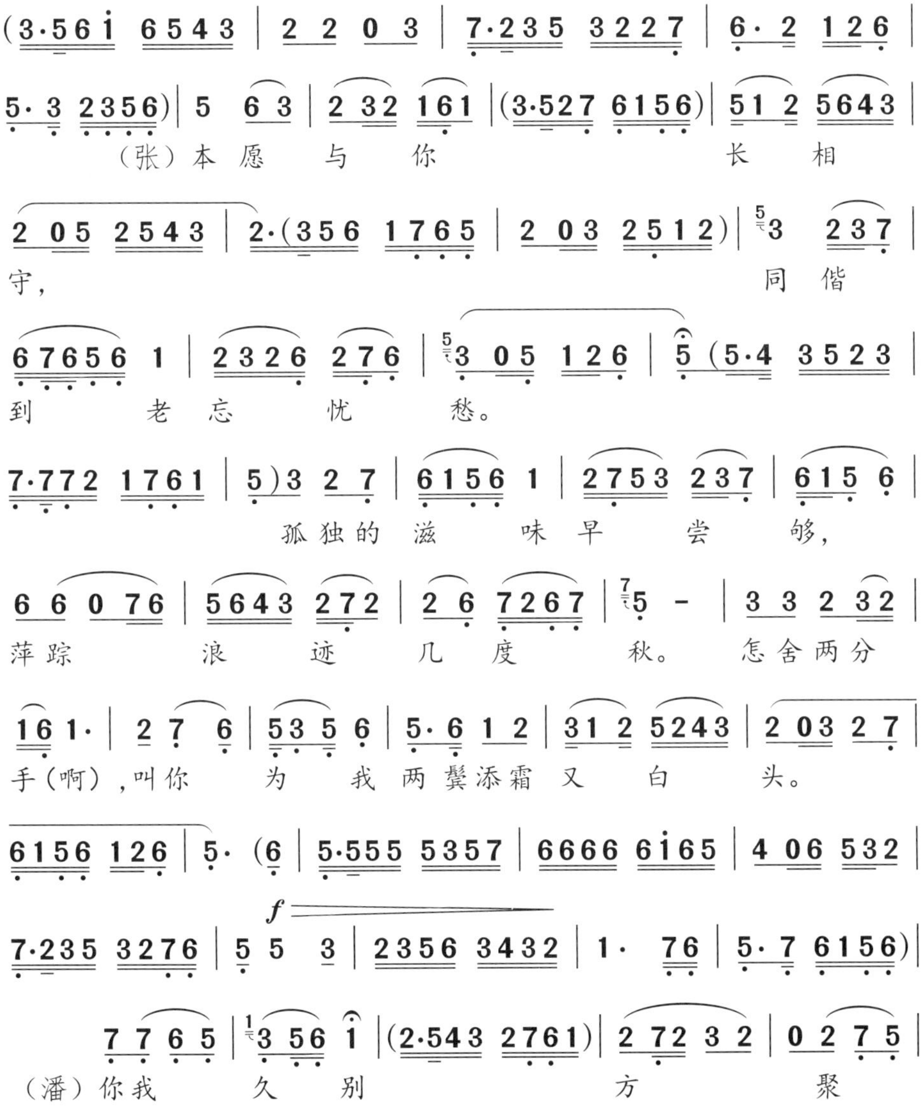

(3·5 6i 6543 | 2 2 0 3 | 7·2 3 5 3 2 2 7 | 6·2 1 2 6 |

5·3 2356) | 5 6 3 | 2 3 2 161 | (3·5 2 7 6156) | 5 1 2 5643 |
　　　　　　（张）本愿　与　你　　　　　　　　　　长　相

2 0 5 2543 | 2·(3 5 6 1 7 6 5 | 2 0 3 2 5 1 2) | ⁵3 2 3 7 |
守，　　　　　　　　　　　　　　　　　同　偕

6 7 6 5 6 1 | 2 3 2 6 2 7 6 | ⁵3 0 5 1 2 6 | 5 (5·4 3 5 2 3 |
到　老　忘　忧　愁。

7·7 7 2 1 7 6 1 | 5) 3 2 7 | 6 1 5 6 1 | 2 7 5 3 2 3 7 | 6 1 5 6 |
　　　　　　　　　孤 独 的 滋　味　早　尝　够，

6 6 0 7 6 | 5643 2 7 2 | 2 6 7 2 6 7 | ⁷5 - | 3 3 2 3 2 |
萍 踪　浪 迹 几 度　秋。　　　　　　怎 舍 两 分

1 6 1· | 2 7 6 | 5 3 5 6 | 5·6 1 2 | 3 1 2 5243 | 2 0 3 2 7 |
手（啊），叫 你 为　我 两 鬓 添 霜 又 白　头。

6 1 5 6 1 2 6 | 5·(6 | 5·5 5 5 5 3 5 7 | 6 6 6 6 6 1 6 5 | 4 0 6 5 3 2 |

7·2 3 5 3 2 7 6 | 5 5 3 | 2 3 5 6 3 4 3 2 | 1· 7 6 | 5·7 6156) |

7 7 6 5 | ¹⁼₂ 3 5 6 î | (2·5 4 3 2 7 6 1) | 2 7 2 3 2 | 0 2 7 5 |
（潘）你 我　　久　别　　　　　　方　聚

[①] 精耕编著:《黄梅戏专辑 1 海滩别:对唱篇》,合肥:安徽文艺出版社,2017 年,第 140～142 页。

$\underline{6·2}\ \underline{1\overset{\frown}{7}}\ |\ \overset{\frown}{6}\ (\underline{217}\ \underline{6235}\ |\ \underline{607}\underline{6\ 57})\ |\ \underline{66}\ \underline{43}\ |\ 2·\underline{7}\ \underline{23}\ |$
首，　　　　　　　　　　　　　　　　　　怎教　　离愁别

$5\ -\ |\ 1·\underline{2}\ \underline{323}\ |\ \underline{032}\ \overset{1}{\underline{63}}\ |\ 2·\underline{3}\ \underline{16}\ |\ \overset{\frown}{5}\ (\underline{54}\ \underline{3523}\ |$
恨　　方下眉尖　又上心　头！

再慢点
$\underline{1·235}\ \underline{2761}\ |\ \underline{5·3}\ \underline{2356})\ |\ \underline{7767}\ 2\overset{32}{\underline{}}\ |\ \underline{2765}\ \underline{356}\ |\ \underline{11}\ \overset{1}{\underline{35}}\ |$
　　　　　　　　　　　　　可知　道那海　水因何　红似胭脂

$\underline{67656}\ \underline{1}\ |\ \underline{3523}\ \underline{53}\ |\ \underline{665}\ \underline{323}\ |\ \underline{7·235}\ \overset{2}{\underline{3276}}\ |\ \underline{1216}\ \underline{5}\ |$
酒？（张）那是你　点点　血泪和着海水日夜　流。

$\underline{7762}\ \underline{765}\ |\ \underline{7·7}\ \underline{672}\ |\ \underline{135}\ \underline{35}\ |\ \underline{676}\ \underline{1}\ |$
（潘）可知　道那海　水因何　似泣　如诉？

$\underline{3523}\ \underline{535}\ |\ 2·\underline{5}\ \underline{321}\ |\ \underline{6·123}\ \underline{126}\ |\ \underline{1216}\ \underline{5}\ |$
（张）那是你　轻轻呼唤伴着海风声悠　悠。

$\underline{11}\ \underline{35}\ |\ \underline{665}\ \underline{6}\ |\ \underline{776}\ \underline{56}\ |\ \underline{2327}\ \underline{5}\ |\ \underline{676}\ \underline{1}\ |$
（潘）失去　你我好　像风筝　断线随风　走，

$\underline{3523}\ \underline{535}\ |\ \underline{6653}\ \underline{231}\ |\ \underline{223}\ \underline{656}\ |\ \underline{7·235}\ \underline{3276}\ |$
（张）失去你　我好像　离巢孤雁落　荒

$\underline{126}\ \underline{5}\ |\ \underline{7267}\ \underline{7}\ |\ \underline{7272}\ \underline{33}\ |\ \underline{0323}\underline{7}\ |\ 6\ \ \ \ \underline{653}\ |$
丘。（潘）没有　你谁来　与我　共欢　乐？（张）没有你

$2·\underline{5}\ \underline{2565}\ |\ 1\ -\ |\ \overset{1}{\underline{3}}\ \underline{56}\ |\ \underline{7·2}\ \underline{126}\ |\ 5\ -\ |$
谁来和　我　　　分忧　愁？

《海滩别》是黄梅戏现代戏《风尘女画家》中一段脍炙人口、流传甚广的唱腔。它表述的是20世纪30年代，旅法画家张玉良女士回到上海，却不幸分别在事业和家庭中都遭受打击，无奈之下只能重返海外。她和丈夫潘赞化在海边依依惜别。《海滩别》这段唱腔唱出了张玉良和潘赞化虽有无限深情却无法厮守的惆怅与伤感……作曲家陈精根先生以"彩腔"和"彩腔对板""平词对板"为基调而创作。曲调委婉新颖，旋律线条起伏缠绵，如泣如诉，一波三折。既保留了黄梅戏剧种的声韵特点，又很好地表现了剧中人的情感，朗朗上口，回味无穷，是继黄梅戏《夫妻双双把家还》之后的又一经典唱段。

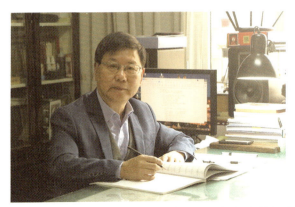

著名黄梅戏作曲家陈精根先生工作照（图片由陈精根提供）

3. 火攻、八板

"火攻"和"八板"实际上是一个板式的两种名称,习惯上把速度快的叫火攻,有板无眼,1/4记谱;把速度慢的叫八板,2/4记谱。其在黄梅戏的唱腔里面使用率非常高,仅次于平词。在调性上和平词一样,是男女严格分腔的。该腔除可独立使用以外,还常与"平词""二行""三行"等腔连用,形成板式和情绪的对比,加强了唱腔层次感,旋律比较粗犷、简练。我们先来看一下这个腔体的基本范例:

"女火攻""女八板"基本范例:

（1）上下句体类型

谱例 45:①

(上句)

| 5 | 3 | 2 | 1 | 5 | 1 | 6 | 5 |

一　　二　　三　　四　　五　　六　　七，

一二　三　四五　六　七八　九　十，

(匡令｜匡令｜匡令｜匡｜令匡｜匡令｜匡｜

---

① 时白林:《黄梅戏唱腔赏析》,上海:上海音乐出版社,2013年,第27～28页。

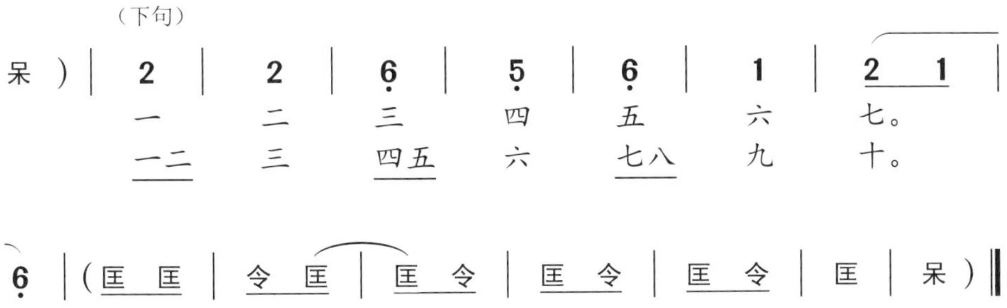

(下句)
呆) | 2 | 2 | 6 | 5 | 6 | 1 | 2 1 |
一　　二　　三　　四　　五　　六　　七。
一二　三　四五　六　七八　九　十。

6 |（匡 匡 | 令 匡 | 匡 令 | 匡 令 | 匡 令 | 匡 | 呆）‖

(2) 四句体类型：

谱例 46：[①]

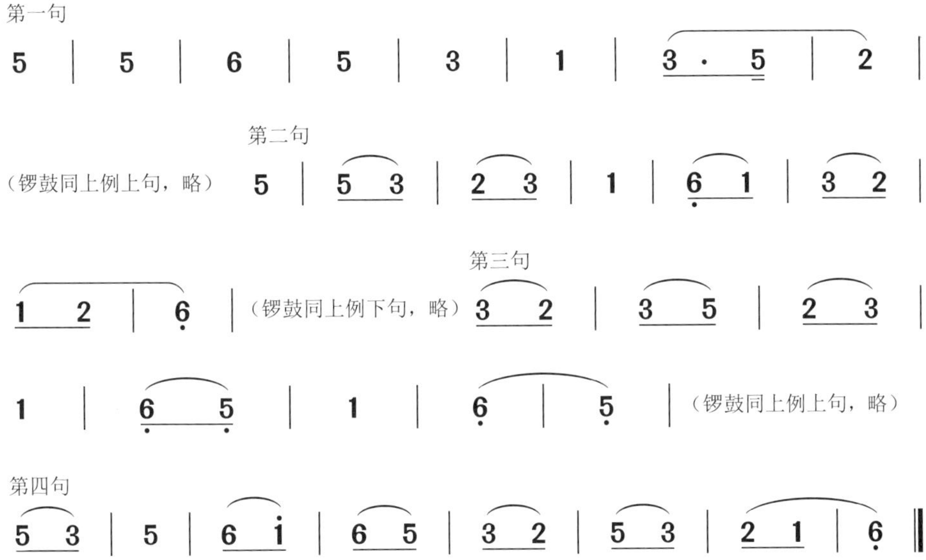

第一句
5 | 5 6 | 5 3 | 1 | 3·5 | 2 |

第二句
（锣鼓同上例上句，略） 5 | 5 3 | 2 3 | 1 | 6 1 | 3 2 |

1 2 | 6 | （锣鼓同上例下句，略） 3 2 | 3 5 | 2 3 |

第三句
1 | 6 5 | 1 | 6 5 | （锣鼓同上例上句，略）

第四句
5 3 | 5 | 6 1 | 6 5 | 3 2 | 5 3 | 2 1 | 6 ‖

实际唱例《女驸马·忙下绣楼诉衷肠》：

谱例 47：

忙下绣楼诉衷肠[②]

（《女驸马》冯素珍唱腔）

陆洪非 等词
时白林 编曲

$1=F\ \frac{1}{4}\ \frac{4}{4}$

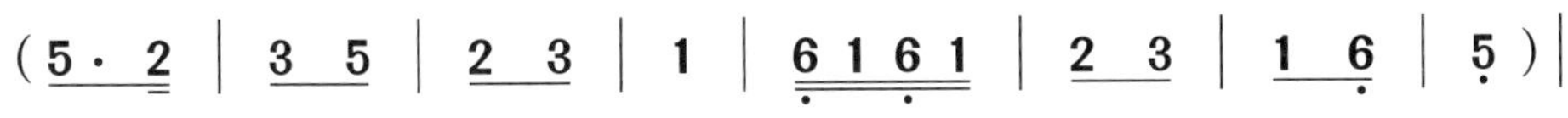

(5·2 | 3 5 | 2 3 | 1 | 6 1 6 1 | 2 3 | 1 6 | 5) |

---

① 时白林：《黄梅戏唱腔赏析》，上海：上海音乐出版社，2013年，第28页。
② 时白林：《黄梅戏唱腔赏析》，上海：上海音乐出版社，2013年，第28～29页。

〔八板〕

5 | 5 | 6 | 5 | 3 | 1 | 3·5 | 2 | 5 | 5 3 |
满 怀 希 望 到 襄 阳， 竟 遭

2·3 | 2 3 | 1 | 3 2 | 2 1 | 6̣ | (5·2 | 3 5 |
冷 遇 转 回 乡。

3 2 1 2 | 6̣) | 3 2 | 3 5 | 5 3 | 2 1 | 1 3 | 5 1 |
若 不 当 面 把 话

6̣ | 5̣ | 5 3 | 3 5 | 6·i | 6 5 | 3 2 | 5 3 |
讲， 他 怎 知 昔 日 恩 情 我 未

稍慢　　　　　　　　　　　〔迈腔〕
2 3 | 1 | (5·2 | 3 5 | 2 3 | 1) | 4/4 5 5 3 5 | 6 6 i 6 5 |
忘。　　　　　　　　　　　男 女 之 别

5 6 5 3 1 2 5 3 | 2 3 2 1·(6̣ | 1 2 3 5 2 1 6̣ |
且 不 顾，

〔落板〕
5·6̣ 5̣ 5 2 3 4 3 5 3) | 5 5 2 3 5 5 2·3 1 2 | 6̣ 5̣ (3 5 2 3 5) |
忙 下 绣 楼

3 6 5 6 5 3 5 | 2 (3 2 3 5 i 6 i 6 5 4 5 3 | 2/4 2· 3 |
诉 衷 肠。

‖: 2·1 6̣ 1 | 2 3 4 3 | 2·1 6̣ 1 | 2 2 0 3 | 2·1 6̣ 1 |

2·3 5 i | 6 5 4 3 | 2 2 0 3 :‖ 2 3 2 1 :‖ 2 -) ‖

"男火攻""男八板"的基本结构：

(1) 上下句体类型：

谱例 48：①

(上句)

3	3	6	6	3	3	6·1	5
一	二	三	四	五	六	七，	
一二	三	四五	六	七八	九	十，	

(匡 令 | 匡 令 | 匡 令 | 匡 令匡 | 匡 令 | 匡 呆)

(下句)

6	5	3	3	1	3	3·5	2
一	二	三	四	五	六	七。	
一二	三	四五	六	七八	九	十。	

(匡 匡 | 令 匡 | 匡 令 | 匡 令 | 匡 令 | 匡 呆)

（2）四句体类型：

谱例 49：②

第一句

3 3 | 6 6 | 6 1 | 3 3 | 6·1 5 |

第二句

（锣鼓同上例上句，略） 1 1 1 | 6 6 | 6 5 | 3 | 3 6 |

3·5 | 2 | （锣鼓同上例上句，略） 1 | 1 2 | 3 3 |

3 2 | 1 | 3 | 2 6 | 1 | （锣鼓同上例上句，略）

第四句

6 | 5 | 5 3 | 3 2 | 1 | 3 | 3·5 | 2 ‖

---

① 时白林：《黄梅戏唱腔赏析》，上海：上海音乐出版社，2013年，第29页。
② 时白林：《黄梅戏唱腔赏析》，上海：上海音乐出版社，2013年，第29～30页。

"男火攻"实例《春香闹学》选段：

谱例50：①

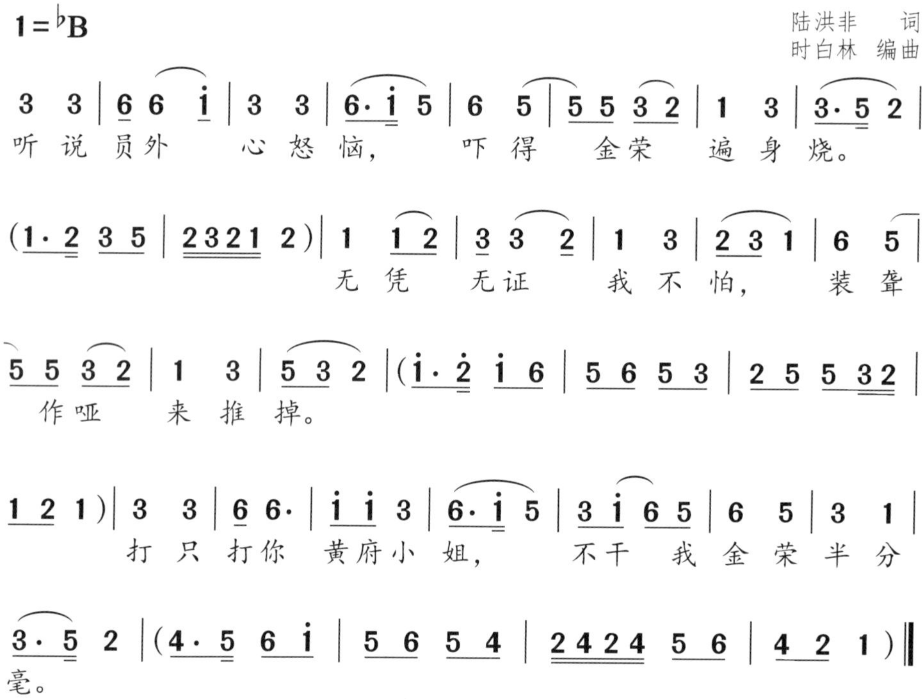

1=♭B

陆洪非　词
时白林　编曲

（乐谱）

听说员外　心怒恼，　吓得金荣　遍身烧。
　　　　　　　　　　　无凭无证　我不怕，装聋
作哑　来推掉。
打只打你黄府小姐，　不干我金荣半分
毫。

4. 二行、三行

"二行"是一种对称结构的双句体，分上句和下句，节拍为单眼板，2/4记谱，一般从弱拍开始，比较适合用于简短的叙事回忆和表现不安等情绪。"二行"也叫数板。

"三行"是"二行"的压缩与变体，但它也不是单纯的上、下句结构的双句结构，而是经过发展后形成的。"三行"也有四句结构的样式，是一种速度比较快的无眼板，1/4记谱，适合用于表现紧张、激动的情绪。"三行"也叫快数板。

"女二行"基本结构：

---

① 时白林：《黄梅戏唱腔赏析》，上海：上海音乐出版社，2013年，第32页。

谱例 51：①

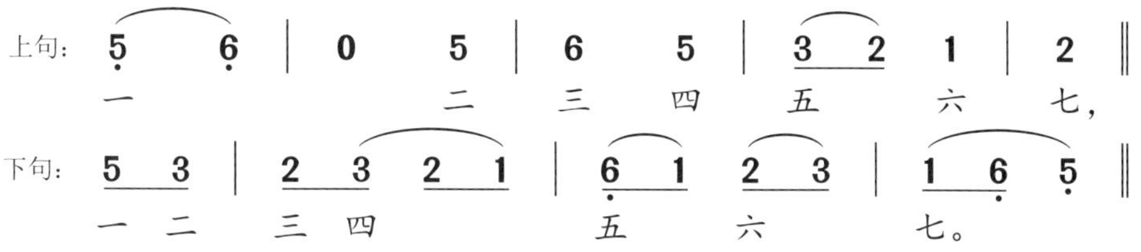

上句： 5 6 | 0 5 | 6 5 | 3 2 1 | 2 ‖
　　　一　　　　　二　三　四　五　六　七，

下句： 5 3 | 2 3 2 1 | 6 1 2 3 | 1 6 5 ‖
　　　一 二 三 四　　　　　五 六　　七。

"女三行"基本结构：

谱例 52：②

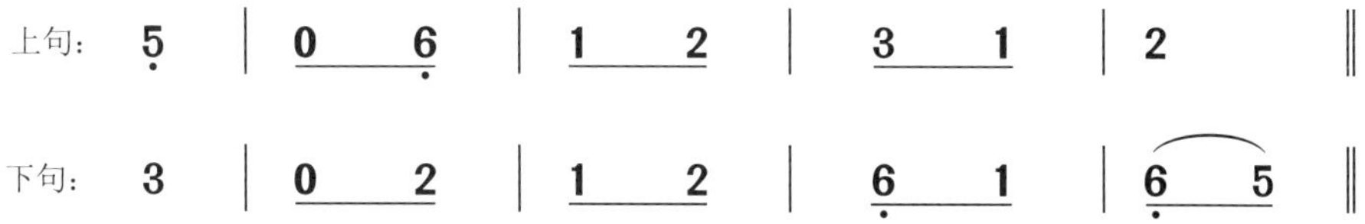

上句： 5 | 0 6 | 1 2 | 3 1 | 2 ‖

下句： 3 | 0 2 | 1 2 | 6 1 | 6 5 ‖

"二行"和"三行"跟"平词"相比，除所表现的情绪不同以外，最大的区别在于，它们无法构成完整的唱段，必须插在别的腔体中使用，有时也会有"二行""三行"的联用。

请看实际唱例《渔网会母》选段《左牵男右牵女》。

这是一个多种腔体联用的成套唱腔，"二行"和"三行"出现的时候，都是人物内心激动、情感起伏较大的时刻。请看谱例：

谱例 53：

左牵男右牵女③
（《渔网会母》黄氏唱腔）

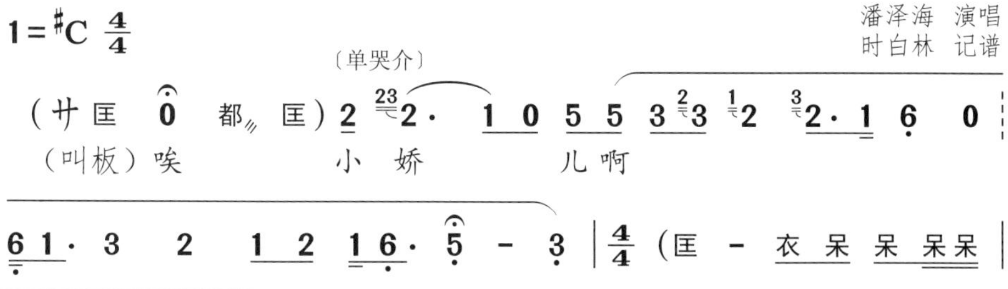

潘泽海　演唱
时白林　记谱

$1=\#C$　$\frac{4}{4}$

〔单哭介〕

（廿匡 0 都 匡） 2 2·3 1 0 5 5 3 3 2 3·1 6 0

（叫板）咳　　　　　小　娇　儿　啊

6 1·3 2 1 2 1 6·5 — 3 | $\frac{4}{4}$（匡 — 衣 呆 呆 呆 |

---

① 时白林：《黄梅戏唱腔赏析》，上海：上海音乐出版社，2013年，第33～34页。
② 时白林：《黄梅戏唱腔赏析》，上海：上海音乐出版社，2013年，第34页。
③ 时白林：《黄梅戏音乐概论》，北京：人民音乐出版社，1993年，第330～337页。

（曲谱略）

① 这种滚唱的形式，艺人习惯称为"平词数板"，作为一个上句，它长达32个字，是滚唱。
② 此处本应打[平词二槌]或[平词一槌]，已省略。

功高极品，所生下 儿的爹爹 弟兄有二人。 儿大伯 胡克显在云南做布政，开恩 就是 儿的爹尊。 儿的爹爹 坐长沙有九年整， 辞官 不做 告职 回程。 儿的爹爹 上金殿 参奏一本，万岁爷 怎舍得 胡老爷是忠臣。 万岁爷 送儿的爹爹 万民伞， 万民伞 就是万民旗 万古 留名。 文武百官 将儿的爹爹来送，万岁 亲自送到

第四章 黄梅戏的声腔音乐

3 1 2̈ | 1̇ 0 5·3 | 6 5 6 0 | 6·6 ²1 | ¹6 5 |
都已杀尽，杀得鸡犬　都不留　情。

5 ⁶¹6 | 0 1 | 5 3·3 0 | 1 1 6̇ 1 | 2 0 ²1 2 |
前　　舱杀到　中啊舱　止，　中舱

¹6̇ 1 6 0 | ²6̇ 1 | ¹6̇ 5 | 5 ¹6̇ | 0 ⁶1 0 | 5·3 3 3 |
搜出来　儿的爹　尊。　可　　叹　　儿的爹爹

〔哭板〕　　　　　　　　　　　　　　〔单哭介〕
廿 2 2 1 6 1 6̇·| 5 3 1 3 2·1 6̇ | 2 2 1 2 1 2·1 6̇ | 0 ⁶5 - |
死得　　苦哇！　　　　　　　　　胡老　爷呀！

²/₄(衣打衣打 | 匡 呆 | 衣呆呆呆呆 | ³/₄匡 匡 令 匡 令 | ²/₄匡 令 匡 令 |
　　　　　　　　　　　〔三行〕稍快
匡　呆） | ¹/₄ 3 5 | 3 0 3 | 2 3 | 1 ³2 | 6̇ 5 | 5 ¹6 |
　　　　　乱　刀　斩得乱　纷　纷。　强

0 1 | 2 5 | ³5 3 | 5 3 | 2 3 | 0 3 | 1 2 | 2 3 1 |
贼彼时 又 搜　找，　后　　舱搜出母女三

2 ³2 | 6̇ 5 | 0 3 | 3 2 3 | 1 ³2 | ♯1̇2 6̇ 6̇ | 2 2 1 |
人。　强　贼　彼时将娘　问，他问怀中

6̇ ²1 | 6̇ 5 | 5 6 | 0 5 | 3 3 | 3 1 | 2 2 1 |
抱何人？那　　时为娘错出唇，我说

2 6̇ | 6̇ ²1 | 6̇ 5 | 5̇ | 0 1 | ¹6̇ 1 | 2 ²6̇ | 1 ²1 |
胡家后代根。强　贼彼时提刀斩，

5 ¹6̇ | 0 3 | 2 ³2 | 1 ³2 | 6̇ 5 | 5 ¹6̇ | 0 5 | 3 ³2 |
他　说斩草要除　根。人　不除根

《渔网会母》黄氏唱的这一大段唱腔是黄梅戏演员在练习和展示唱

功时常选的一段唱腔,它结合了黄梅戏女腔的多种腔体,有八板、平词、二行、三行,有哭腔、迈腔、散板。这段唱腔从腔系上来讲相对完整,是黄梅戏唱腔中的经典佳作之一。

"男二行"范例:

谱例54:①

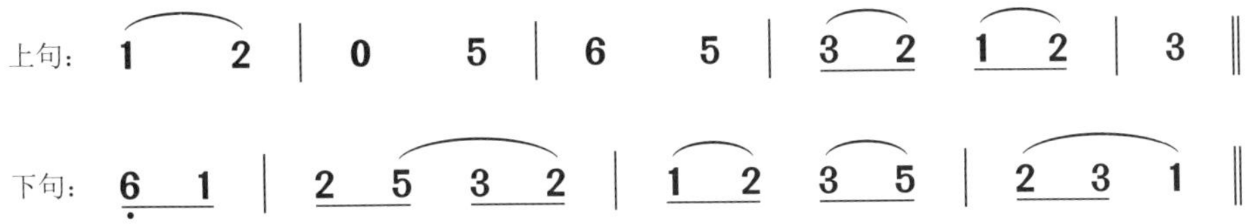

上句：| 1 2 | 0 5 | 6 5 | 3 2 1 2 | 3 ‖

下句：| 6̣ 1 | 2 5 3 2 | 1 2 3 5 | 2 3 1 ‖

"男三行"范例:

谱例55:②

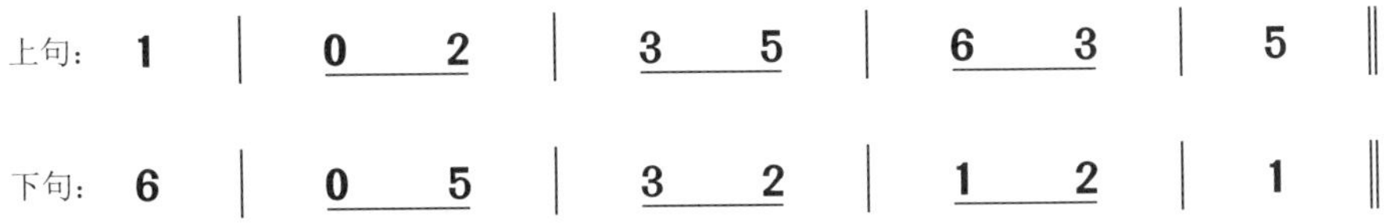

上句：| 1 | 0 2 | 3 5 | 6 3 | 5 ‖

下句：| 6 | 0 5 | 3 2 | 1 2 | 1 ‖

"男二行""男三行"联用实例《白扇记·今乃是五月五龙船开放》:

谱例56:

今乃是五月五龙船开放③

(《白扇记》渔网唱腔)

严凤英 演唱
时白林 记谱

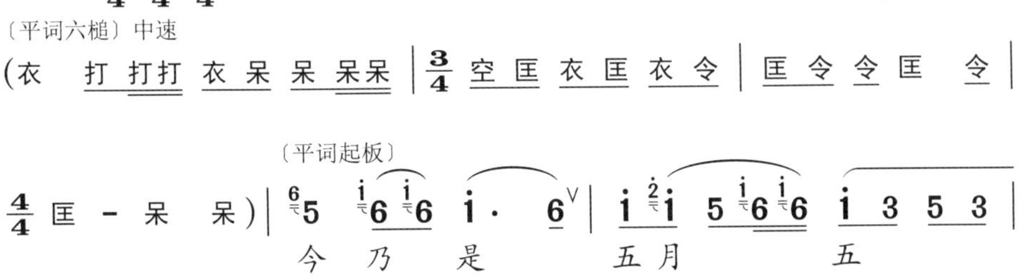

$1=\flat B$ $\frac{4}{4}$ $\frac{3}{4}$ $\frac{1}{4}$

〔平词六槌〕中速

(衣 打打打 衣呆呆呆呆 | 3/4 空匡 衣匡 衣令 | 匡令令匡 令

〔平词起板〕

4/4 匡 - 呆 呆) | 6̣5 i6̣ i6̣ i· 6ᵛ | i i i5 i6̣ i 3 5 3 |
　　　　　　　　今　乃　是　　五　月　　　五

---

① 时白林:《黄梅戏唱腔赏析》,上海:上海音乐出版社,2013年,第39页。
② 时白林:《黄梅戏唱腔赏析》,上海:上海音乐出版社,2013年,第39页。
③ 时白林:《黄梅戏音乐概论》,北京:人民音乐出版社,1993年,第350～356页。

〔平词二槌〕

2 1· 0 0 | 6̲6̲ 1̲1̲ 3 0 5·6̲5̲6̲ | 1̲·2̲ 1̲2̲1̲6̲ 5̲6̲5̲ 6·1̲ |
(衣匡 衣呆匡 呆) 龙船　　　　　　　　　　　　　　开

〔十三槌半〕

1̲6̲· 5̲5̲3̲2̲1· | 衣呆衣 匡·七衣冬 | 匡·七衣冬匡七匡 |
放,
(衣呆　衣呆空匡

衣冬冬冬匡冬冬匡冬冬 | 匡冬冬匡·冬空匡 冬冬冬冬 | 匡 — 呆 呆)

〔平二槌〕

1̲1̲ 2̲6̲5̲5̲3̲ | ⁵3̲3̲5̲6̲ 1̲1̲3̲5̲3̲ | 2 1· 0 0 |
普天 下喜的是 五月 端阳。
(衣匡衣呆匡)

5̲3̲5̲ 5̲0̲ 1̲·²1̲6̲5̲ | 6̲3̲5̲ 6̲·1̲ 6̲6̲5̲3̲ | (2̲3̲) ⁵3̲·5̲ 6̲ 1̲· |
我也同 众兄长 河坡 一 往, 中 途 路

(〔平二槌〕略,下同)

1̲6̲6̲ 5̲6̲6̲5̲3̲0̲ | 2̲3̲5̲ 6̲3̲ 3̲·5̲ | 2 1 (1̲5̲6̲1̲6̲) |
生暴 病 转回当房。

5̲5̲3̲ 5̲0̲ 1̲·²1̲6̲5̲ | 3̲3̲2̲1̲ 2̲·3̲1̲6̲ | (5̲6̲) 6̲·5̲ ⁵6̲1̲ 2 |
有娘人 身得病 汤药 调养, 小 渔网我

3̲3̲2̲1̲ 3̈2̲1̲ 0 | 1̲·2̲ 3̲·5̲ 2̲·1̲ | 1· (1̲5̲6̲1̲6̲) |
生暴 病 好 不 惨 伤?!

5̲5̲3̲ 5̲0̲ 1̲·²1̲6̲5̲ | 6̲⁶3̲5̲ 6̲·1̲ 5̲3̲· | (2̲3̲) ⁵3̲·5̲ 6̲1̲·² |
我要茶 茶不能够 到我 手 上, 我 要水

1̲6̲1̲6̲ 5̲6̲ ⁶5̲5̲3̲ (5̲6̲3̲) | 2̲·3̲ 5̲1̲1̲3̲5̲3̲ | 2 1 (1̲5̲6̲1̲) |
好一 似啊 人 参姜汤。

第四章 黄梅戏的声腔音乐

f

| 匡 0 七 七 呆 | 七 七 | 匡 七 七 呆 打 七 | 匡 — 八 打 ⌒0 |

〔二行〕慢速

廿 打 个 个 | 打 个 个 | 打 个 个 个 个 | 打 打 | 打 衣·| 2/4 匡 打)| *f*

〔二行〕慢速

3·5 1 2̇ 1̇ | 1̇ 0 5 5 5 | 5 6 1 2̇ 1̇ 0 | 1·2 5 6̇ 5 3 | 3̇ 2̇ 2 1 |
千　　拜　　万　拜　　　儿　是　应　　　该。

1 5 6 1 2̇ 1̇ | 0 3 3 3 5 | 1̇ 1̇ 6 5 | 6·1̇ 3 | 5 6̇ 5 ∨ 6 1 |
孩　　　儿　离　娘　有一十三　载，好似

5 5 3 2 | 1 6̇ 5 3 | 3̇ 2·3 1 | 2̇ 2̇ 2 2 1 6 0 | 0 5 3 5 |
明　珠　在　土　内　埋。　　　　今　　日

1̇ 1̇ 2̇ 1̇ 6 5 | 6·1̇ 3 | 5̇ 0 6 1 | 2 5 6 5 3 2 | 1 6̇ 5 3 |
母　子　们　重相　会，好似花　谢　又　逢　春

2̇ 2̇ 1 2̇ 1̇ | 1 5 6 1 2̇ 1̇ | 0 5 3 5 | 1̇ 1̇ 2̇ 1̇ 6 5 | 3·5 3 2 1 2 |
开。　孩　　　儿　带扇　把　北　京

3 5 6 1 | 2 5 3 2 | 5 1 2 3 5 | 3̇ 2̇ 2̇ 2 1 0 | 2̇ 2̇ 3̇ 2 1 6 |
踩，外　公　台　前儿要　搬　兵　来。　　　北

0 5 | 1̇ 6 5 | 6·1̇ 3·6 | 5·5 6 1 | 2·5 3 2 |
京　发　动　了人　和　　马，我要把　钱　江

1 6̇ 5 3 | 2 3 1 0 | 2 3 2 1 6· | 0 5 | 1̇ 6 5 |
一　扫　开。　　　非　　　是　你儿

3 2 1 2 | 3 5 6 1 | 2 5 3 2 | 1 2 3 5 | 2 3 1 |
夸　海　口，我不杀　赵　大　柱　投　胎。

《白扇记》渔网唱的这一段叙述的是病中的小渔网终于在十三岁时找到了亲娘,并且得知与自己结拜弟兄的赵大、赵二竟是自己的杀父仇人,满腔悲愤一时迸发,严凤英老师反串演唱生角,唱得声泪俱下,感人肺腑。

5. 仙腔

"仙腔"又叫"高腔""道情""道腔",在一般的传统戏里多在神仙登场时演唱,2/4 记谱。"仙腔"最大的特点是第一句的后三个字是复唱(称为"复句")。谱例中的一、二、三、四、五、六、七后面接着是重复演唱的五、六、七字。在《天仙配》"鹊桥"中七个仙女上场时唱的"飘飘荡荡天河来"第一句后面再重复唱"天河来"三个字。再如《天仙配》第二场"路遇"中土地神唱的"槐荫开口把话提",也要重复唱后面"把话提"三个字,唱完"把话提"之后再接唱第二句"叫声董永你听知"。除此之外,一般还会完整地复唱第四句,复唱时可能会增添一些补助词。如"飘飘荡荡天河来"这段唱腔,最后就是这样唱的:"男女勤忙笑声喧,男女勤忙欢笑声喧。"原始的"仙腔"男女唱腔(调式)相同,可能与早年生旦均由男演员扮演有关,后来由于女演员的加入,"女仙腔"在旋法和音域上都有所区别。

我们先来看传统"仙腔"的基本结构:

谱例 57:①

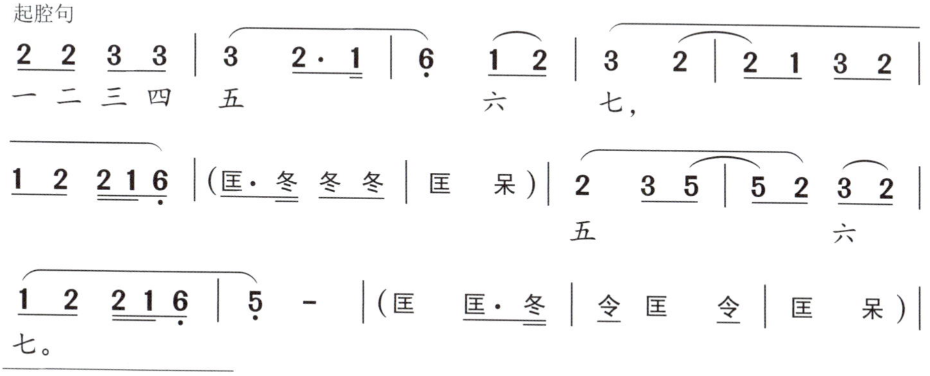

---

① 时白林:《黄梅戏唱腔赏析》,上海:上海音乐出版社,2013 年,第 42 页。

第二句　　　　　　　　　　　　　　　　　　　　　第三句
3　21　| 6̣1· | 6̣1 | 6̣5· | 53 2 |
一　二　三　四　五　六　七，　　一　二

　　　　　　　　　　　　　　第四句
321 | 323 216 | 5̣6· | 6̣·123 | 16̣5 |
三四　五　六　七，　一二三四　五六七，

复句
6̣·123 | 2·161 | 6̣5 | 4·5̣ 6̣ | 5̣ — ‖
一　二三四　五　　　　六　　七。

我们再来分别看一下"女仙腔"和"男仙腔"的实例：

谱例58：

飘 飘 荡 荡①
（仙女齐唱）

1=F 2/4

2 2 5 5 3 | 3 2 3 1216 | 5 1·2 | 532 2̣ | 21 3·2 |
飘　飘　荡　荡　　　　　天　　　　河　　　来，

1 2 216 | (1̇·3 2317 | 6765 6) | 2 35 | 6̣ 5 2 3·2 |
　　　　　　　　　　　　　　　　　天　　　　河

1 2 216 | 5· (56 | 1̇23̇ 2̇161̇ | 535) | 21 3·2 |
来，　　　　　　　　　　　　　　　　　天　　　河

1·2 35 | 2·1 61 | 5̣ 5̣ 6̣ | 2 6̣ 1 2 | 6̣ 5· |
　　　　　　　　　如带　白浪　飞。

6̣·1 2 53 | 216 561 | 6̣·123 | 1216 5 | 6̣·123 |
姊妹七人　鹊桥　上，　要把人间　看一番，要把人间

5653 235 | 652 3·2 | 123 216 | 5̣ — ‖
看　　　　一　　番。

---

① 胡玉庭口述、陆洪非改编、时白林、王文治、方绍墀等编曲：《〈天仙配〉（附主旋律谱）》，合肥：安徽人民出版社，1980 年，第 75～76 页。

谱例 59:

槐荫开口①

1=♭E $\frac{2}{4}$

陆 洪 非 等词
王文治、时白林 编曲

中速

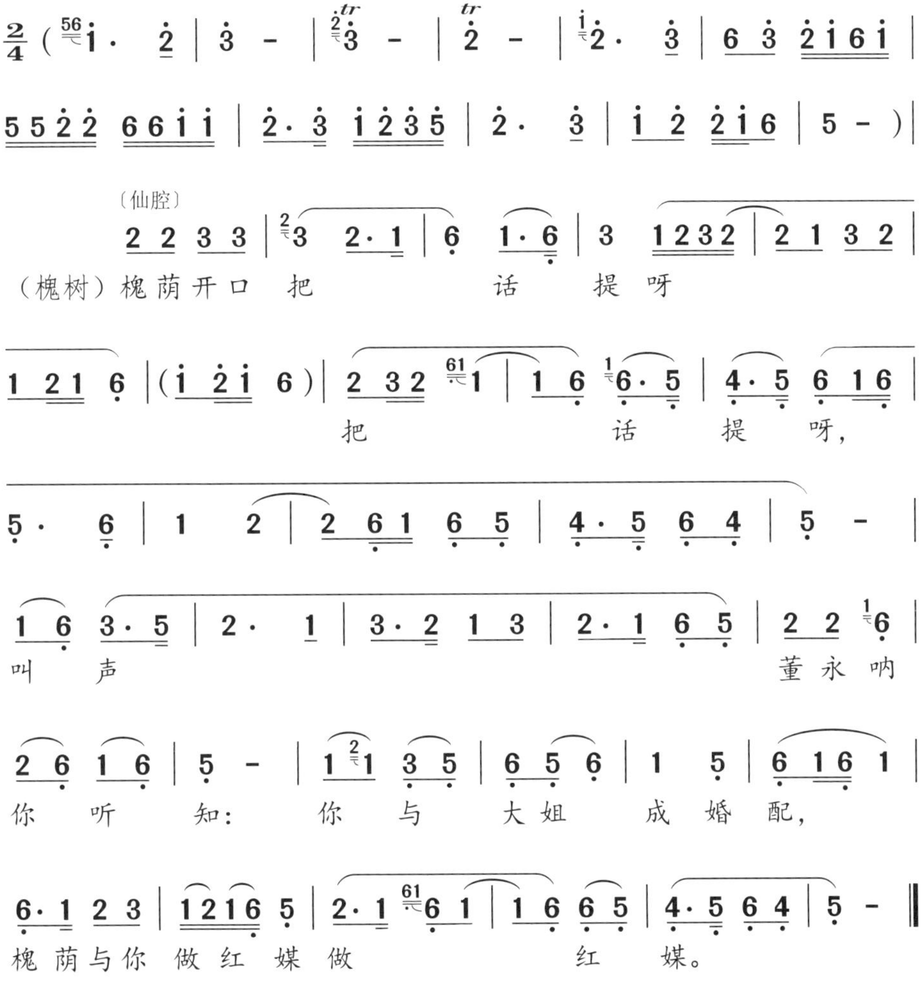
〔仙腔〕
(槐树)槐荫开口 把 话 提 呀
把 话 提 呀,
叫 声 董永呐
你 听 知: 你 与 大姐 成 婚 配,
槐 荫与你 做 红 媒 做 红 媒。

在这里说明一点:随着时代的发展,黄梅戏的声腔艺术也得到了很大的发展。比如“仙腔”,以前的“仙腔”是由神仙等特殊人物演唱的腔体,在现代黄梅戏中已不再是特殊身份人物专用的腔体,只要情绪合适,

① 时白林:《黄梅戏唱腔赏析》,上海:上海音乐出版社,2013 年,第 43~44 页。

任何人物都可以用。

6. 阴司腔

"阴司腔"也叫"还魂腔",一般在戏中多用于鬼魂出场,或者当人物处在病中垂危、感到绝望时演唱,2/4 记谱。"阴司腔"曲调非常哀怨凄婉、低沉缠绵,是黄梅戏唱腔中唯一带有拖腔(也叫"大腔")的腔体,它可与"平词""数板""哭介""迈腔"等联用,可塑性很强。比如《天仙配》中七仙女唱的《董郎前面匆匆走》这段唱腔就是"阴司腔"。《董郎前面匆匆走》整个唱段非常哀婉,严凤英老师如泣如诉地演唱极富感染力,给人们留下了非常深刻的印象。

下面我们来看看"阴司腔"的基本结构:

谱例 60:[①]

（乐谱略）

[①] 时白林:《黄梅戏唱腔赏析》,上海:上海音乐出版社,2013 年,第 45 页。

第四章 黄梅戏的声腔音乐

"阴司腔"实例《只见伯娘内堂往》(又名《英台描药》):

谱例61:

只见伯娘内堂往①

(《山伯访友·描药》祝英台唱腔)

潘璟琍 演唱
时白林 记谱

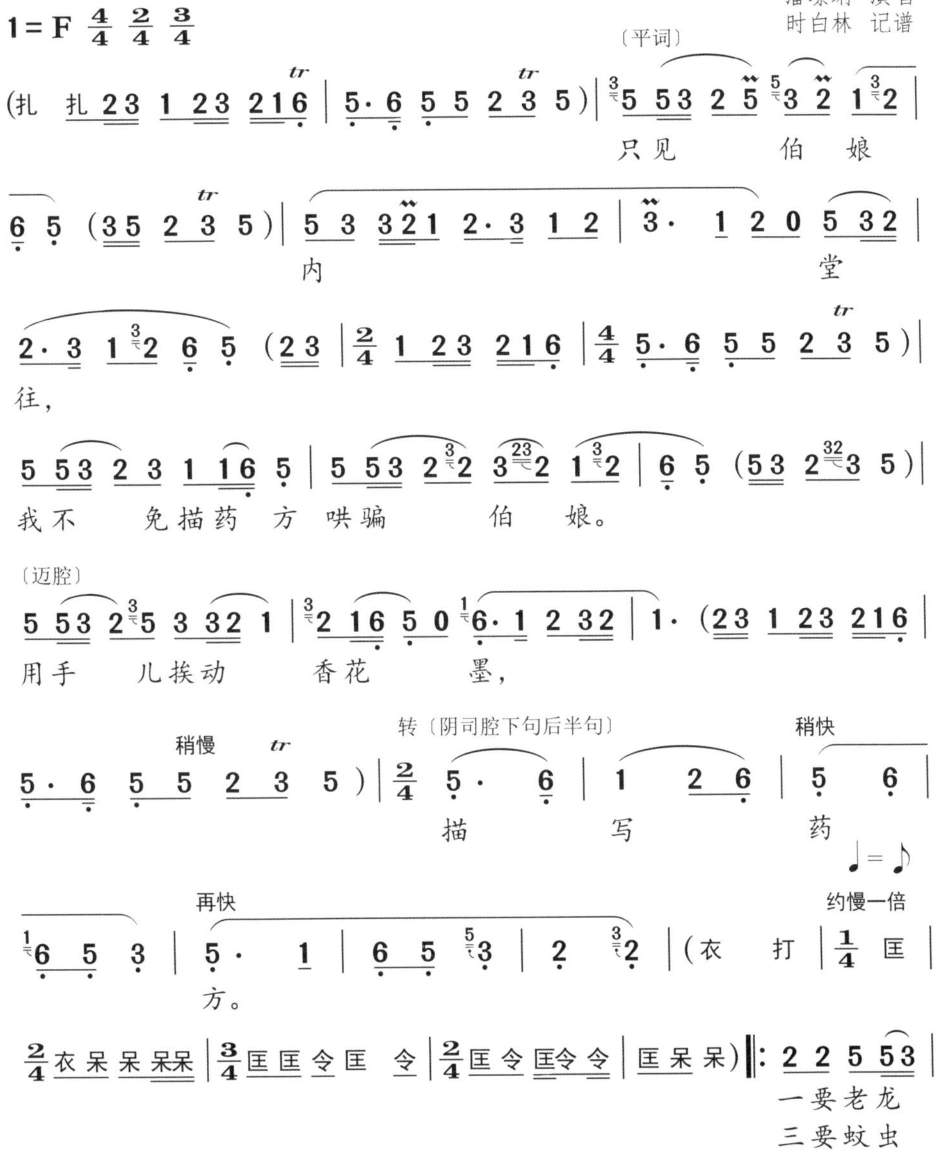

---

① 时白林:《黄梅戏音乐概论》,北京:人民音乐出版社,1993年,第295～299页。

$\frac{3}{4}$ 2·3 1 2 6 | 5 6·1 6 1 | 2 1 2 3·2 | 1 2 1 2 1 6 | 5 6 5 3 5 6 5 6 |

头　　上　角,
肝　　和　胆,

0 2 3 2 1 2 1 6 | 5 6 1 6 5 5·3 | 5 (呆呆 | 匡 呆 呆 呆 呆 | 匡　呆) |

5·6 1 2 1 | 6 5 6 5 3 | 5· 0 | 5·6 5 6 1 2 1 | 6 5 6 5 3 |
二　要　凤　　凰　　尾　　上　的　浓
四　要　蚂　　蝗　　腹　　内　的　肝

5 0 5 6 3 | 2 3 5 2 3 | 5 0 3 5 | 6 5 6 0 1 | 5 6 1 2 1 3 |
浆。
肠。

5 6 1 6 5 3 | 2 (呆呆 | $\frac{3}{4}$ 匡 冬 冬 匡 冬 冬 呆 | $\frac{2}{4}$ 匡 冬 冬 冬 冬 | 匡　呆) :‖
尾 上 浓　浆
腹 内 肝　肠。

〔阴司迈腔〕　　　　　〔双哭介〕

‖: $\frac{3}{4}$ 2 2 5 5 3 | $\frac{3}{4}$ 2 2 3 2 1 | 3 3 2 2 2 2 | 6 6 5 5·6 | 1 3 2 3 2 |
五要无凤　自动 草,哪里 找?我的　好梁 兄　啊!
九要千年　陈酿 酒,哪里 有?我的　好梁 兄　啊!

0　0 | 3 2 2 1 6 | 0　0 | 5·6 5 6 1 3 | 3 2　3 |
　　　梁兄哥　　　　　　　　　啊!
　　　梁兄哥　　　　　　　　　啊!

(匡 冬冬 匡呆　衣冬冬　　匡冬冬匡呆　0 冬冬 空匡　0 冬冬 空匡

1 6 6 5· | 0　0 | 0　0 | 5·6 1 2 1 |
　　　　　　　　　　　　　　　　　　　六 要
　　　　　　　　　　　　　　　　　　　十 要

0 冬冬 空匡　冬匡　冬冬冬冬　匡冬冬冬　冬匡冬冬　冬　匡)

第四章 黄梅戏的声腔音乐

$5\ 6\ \widehat{6\ 5}\ 3\ |\ \dot{5}\ -\ |\ \widehat{5\cdot 6\ 5\ 6}\ \widehat{1\ \overset{2}{\frown}\ 1}\ |\ 5\ 6\ \widehat{6\ 5}\ 3\ |\ 5\ 0\ \widehat{5\ 6}\ 3\ |$

六月炎　天　　瓦　上的浓　　　　霜。

万　年　不　老的生　　　　姜。

$\dot{2}\ \widehat{3\ 5\ 2\ 3}\ |\ \dot{5}\ 0\ \widehat{3\ 5}\ |\ 6\ 5\ 6\ 1\ |\ 5\ 6\ 1\ \overset{2}{\frown}\ 1\ 3\ |\ 5\ 6\ 1\ \widehat{6\ 5}\ 3\ |$

瓦上　浓霜。

不老的生　姜。

$\underset{\cdot}{2}\ (呆呆\ |\ \dfrac{3}{4}\ 匡冬冬匡冬呆\ |\ \dfrac{2}{4}\ 匡冬冬冬冬\ |\ 匡呆呆)\ |\ \dfrac{3}{4}\ 2\ 2\ 5\ 5\ 3\ |$

七要仙姑

十味药草

$\widehat{3\ 2\ 3}\ \widehat{1\ 2\ 6}\ |\ \dot{5}\ \widehat{6\cdot 1\ 6\ 1}\ |\ 2\ 1\ 2\ 3\cdot 2\ |\ 1\ \overset{\sim}{2}\ 1\ 2\ 1\ 6\ |\ 5\ 6\ 5\ 3\ 5\ 6\ 5\ 6\ |$

头　上　　发，

无　有　一　　样，

$0\ \overset{23}{\frown}\ 2\ 1\ 2\ 1\ 6\ |\ 5\ 6\ 1\ \widehat{6\ \overset{5}{\frown}\ 3}\ |\ \dot{5}\ (呆呆\ |\ 匡呆呆呆呆\ |\ 匡呆呆)$

1.

$\widehat{5\cdot 6}\ \widehat{1\ \overset{2}{\frown}\ 1}\ |\ 5\ 6\ 6\ 6\ \widehat{1\ \overset{.}{\frown}\ 6\ 5}\ 3\ |\ \dot{5}\ -\ |\ \widehat{5\cdot 6\ 5\ 6}\ \widehat{1\ \overset{2}{\frown}\ 1}\ |\ \overset{6}{5}\ 6\ \widehat{6\ 5}\ 3\ |$

八要　八十岁的婆　　婆　乳　上的浓

$5\ 0\ \overset{5}{\frown}\ 6\ 3\ |\ \dot{2}\ \widehat{3\ 5\ 2\ 3}\ |\ \dot{5}\cdot\ \widehat{3\ 5}\ |\ 6\ 5\ 6\ 1\ |\ 5\ 6\ 1\ \overset{2}{\frown}\ 1\ 3\ |$

浆，

$5\ 6\ 1\ \widehat{6\ 5}\ 3\ |\ \dot{2}\ (呆呆呆呆\ |\ \dfrac{3}{4}\ 匡冬冬匡冬呆\ |\ \dfrac{2}{4}\ 匡呆呆呆呆\ |\ 匡\ 呆)\ :\|$

乳上　浓浆。

〔双哭介〕

$3\ 3\ 2\ \overset{1}{\frown}\ 2\ 2\ 2\ |\ 6\ 6\ 5\cdot 6\ |\ 1\ 3\ 2\ \overset{3}{\frown}\ 2\ |\ (匡冬冬匡)\ |\ 3\ 2\ 2\ 2\ 1\ 6\ |$

怕只　怕我的好梁　兄　啊！　　　　梁兄哥

(衣冬冬

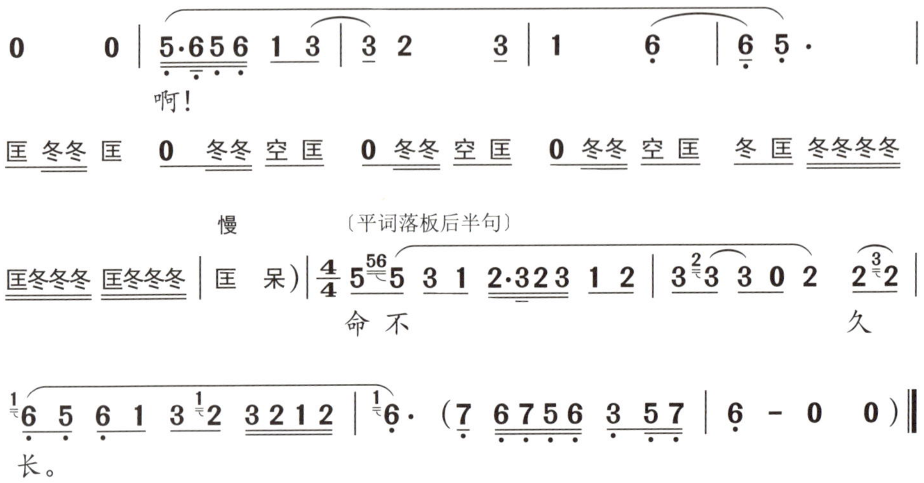
啊！
匡 冬冬 匡 0 冬冬 空 匡 0 冬冬 空 匡 0 冬冬 空 匡 冬 匡 冬冬冬冬
匡冬冬冬 匡冬冬冬 匡 呆）
慢
〔平词落板后半句〕
命 不
久
长。

与“仙腔”一样，其在现代黄梅戏中已不再是传统的用法了。《天仙配·鹊桥》中仙女们在天宫唱的“人间天上不一样”一句用的也是“阴司腔”。潘汉明先生打破常规，用原本凄婉的“阴司腔”来表现七位仙女看到人间美好生活时的喜悦心情，使这种喜悦带有一种冥冥之中的凄婉，也为七仙女决心来到人间进行了铺垫。

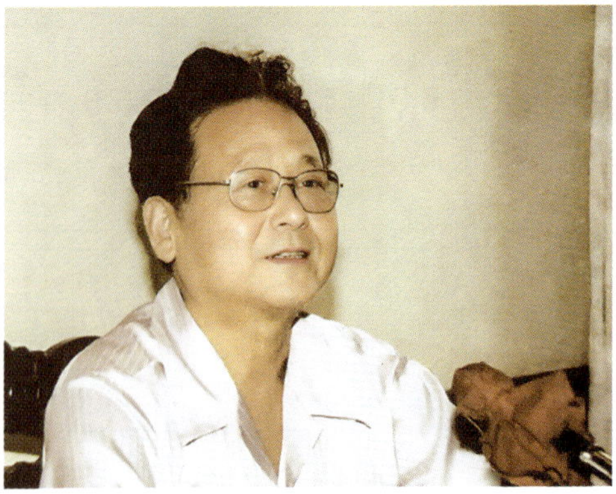

黄梅戏作曲家潘汉明于1996年5月在青阳“黄梅戏音乐创作研讨会”上发言（图片由张萍提供）

7. 彩腔

“彩腔”，曾用名“花腔”。“彩腔”名字的由来，老艺人们是这样介绍的：清末民初，黄梅调在农村唱“草台”戏的时候，每当正戏演唱完之后，由旦角一手拿着扇子一手托着手绢,在舞台边上边唱边舞,比如唱些吉祥如意的、恭喜奉承的词句,讨一个吉祥,即讨彩头,也就是打彩。唱完了以后,观众非常开心,向台上或者演员打彩(一般指向台上扔硬币的动作),所以叫"彩腔",也可以叫作"打彩调"。

"彩腔"曲调结构是由四个前后相对应但不等长的句子组成的,所以也曾被叫作"四平"和"四平头"。在正本戏和生活小戏中使用比较广泛,尤其是在反映生活、爱情小戏中使用得很普遍。"彩腔"所展现出来的状态介于"曲牌歌谣体"和"板腔体"之间,既存在着像"花腔"那样清晰的民歌痕迹,又已经形成了"迈腔""行腔""数板""对板""落板""切板"等"板腔体"的腔格(或者说是组成唱腔的"板腔化"部件),且已基本实现了男女分腔。

我们来看一下男、女"彩腔"的基本结构:

谱例62:[①]

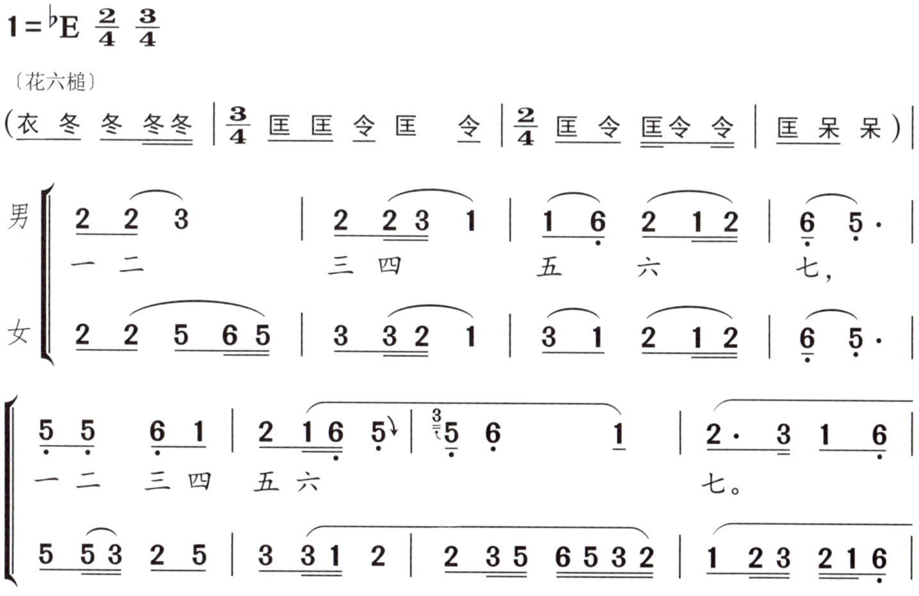

---

① 时白林:《黄梅戏唱腔赏析》,上海:上海音乐出版社,2013年,第48~49页。

[〔花四槌〕]

$$\begin{Bmatrix} \dot{5} - & (匡 \quad 匡 \cdot 个 & 令 匡 \quad 令 & 匡 \quad 呆) & \\ \dot{5} - & (2\ 35\ 321 & 2 \cdot 3\ 216 & \dot{5} \quad \dot{5}\ \dot{6}) & \end{Bmatrix}$$

$$\begin{Bmatrix} \dot{6}\ 1\ 2\ 3 & 1 \quad 2\ \dot{6} & \dot{5} \quad 3\ 1 & 2 \cdot \quad 3\ 2 \\ \text{一 二 三 四} & \text{五} \quad & \text{六} & \text{七,} \\ 3\ 1\ 2\ \dot{5} & \overset{5}{\dot{3}} \cdot 2\ 1\ 2\ \dot{6} & \dot{5} \quad \dot{5}\ 3 & \dot{5}\ 2 \quad 3\ 2 \end{Bmatrix}$$

[〔花二槌〕]

$$\begin{Bmatrix} 1\ 2\ 2\ 1\ \dot{6} & (匡 \cdot 个\ 龙\ 冬 & 匡 \quad 呆) & \dot{5}\ \dot{5} \quad \dot{6}\ 1 \\ & & & \text{一 二 三 四} \\ 1\ 2\ 2\ 1\ \dot{6} & (1 \cdot 3\ 2\ 3\ 1 & \dot{6}\ 1\ \dot{5} \quad \dot{6}) & \dot{5}\ 3\ \dot{5}\ \dot{6}\ 5\ 6 \end{Bmatrix}$$

$$\begin{Bmatrix} 2\ 1\ \dot{6}\ \dot{5} & \overset{3}{\dot{5}}\ \dot{6} \quad 1 & 2 \cdot 3\ 2\ 1\ \dot{6} & \dot{5} - \\ \text{五 六} & & \text{七}。 & \\ 3\ 3\ 1\ 2 \cdot 1 & 2\ 3\ 5\ 6\ 5\ 3\ 2 & 1\ 2\ 3\ 2\ 1\ \dot{6} & \dot{5} - \end{Bmatrix}$$

"女彩腔"实例：

谱例63：

满 工 合 唱①

（女声齐唱）

$1 = E$ $\frac{2}{4}$

中板 歌颂地

$$2\ 2\ 5\ 6\ 5 \mid \overset{5}{\dot{3}}\ 3\ 2\ 1\ 1 \mid 3\ 1\ 2\ 1\ 2 \mid \dot{6}\ 5 \cdot \mid 3\ 3\ 2\ 1\ 2 \mid$$
从今是　三年长工改　百日，　神仙美事

$$3\ 1\ 2\ 1 \mid 2\ 3\ 5\ 6\ 5\ 3\ 2 \mid 1\ 2\ 2\ 1\ \dot{6} \mid \dot{5} \cdot (5\ 6 \mid$$
万　古　　　　　　传，

---

① 上海电影制片厂编：《天仙配选曲》，上海：上海文艺出版社，1959年，第42页。

```
1 2̇ 3̇ 2̇ 1 6 1 | 5 6 5 3 5) | 6 1 2 5 | ⁵3·2 1 2 6̣ |
                                    夫妻 恩爱 说

5̣ 3 1 | 3 ¹2 3 2 | 1 2 2 1 6̣ | (1̇·3 2̇ 3 1 7 |
不  尽,

6̣ 7 6 5 6) | 慢 5̣ 5̣ 6̣ 1 | ¹2 6̣ 5̣ | 5̣ 6̣ 1 | 3 2 3 1 2 1 6̣ | 5̣ - ‖
           百日工满  回家                         园。
```

"男彩腔"实例:

谱例 64:

龙归大海鸟入林①

（《天仙配》董永、七仙女唱腔）

陆 洪 非 等词
方绍墀、王文治 编曲

$1 = {^\flat}E$ $\frac{2}{4}$

非常喜悦地

〔彩腔〕

```
(1 5 1̇ 6 5 | 5̣ 5̣ 1̣ 6̣ 5̣) | 2 2 3 | 2 2 3 1 | 1 3 | 1
                            (董永)龙 归   大 海   鸟  入

6̣ 5̣· | 6̣·1 3 5̣ | 6̣ 1 5̣ | 6̣ 1 6̣ | 2 2 1 6̣
林,   董永今日  回 家           门 哪!

5̣ - | 3 3 1 2 | 3 2·1 6̣ | 6̣ 1 | 2·3 2 | 1 2 2 1 6̣
     娘子身怀   有  了     孕,

〔数板〕
**mp**

0 6̣ 2 3 2 | 7 6̣ 1 | 6̣ 1 6̣ 1 | 2 3 1 | 1·2 1 6̣ | 5̣
 更叫      董 永   喜  在          心。

1 1 3 5 | 6̣ 5 6̣ | 3 | 2 1 6̣ 6̣ | 1·2 3 1
夫妻双双   回窑    去,  朝朝暮暮   不 离
```

---

① 时白林:《黄梅戏唱腔赏析》,上海:上海音乐出版社,2013年,第51~52页。

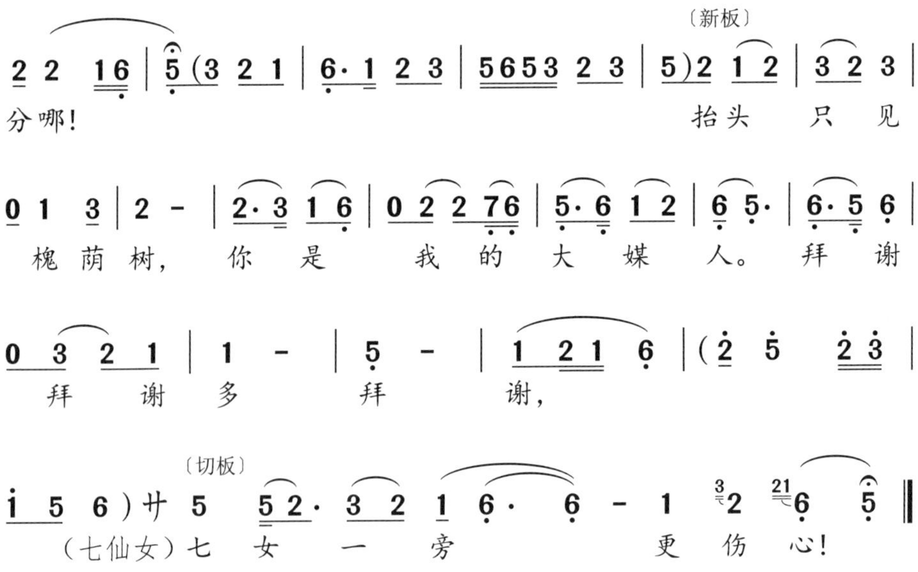

[乐谱：(新板)]

2 2 1 6 | 5̂ (3 2 1 | 6·1 2 3 | 5 6 5 3 2 3 | 5) 2 1 2 | 3 2 3
分哪！　　　　　　　　　　　　　　　　　　　　抬头　　只见

0 1 3 | 2 - | 2·3 1 6 | 0 2 2 7 6 | 5·6 1 2 | 6 5· | 6·5
槐荫树，你是　我　的　大　媒　人。拜　谢

0 3 2 1 | 1 - | 5 - | 1 2 1 6 | (2 5 2 3 |
拜　谢　多　拜　谢，

[切板]

1 5 6) | 廿 5 5 2·3 2 1 6· | 6 - 1 ³2 ²1 6 5 ||
(七仙女) 七　女　一　旁　　　　更　伤　心！

从20世纪五六十年代开始，新创作的黄梅戏剧目唱腔中，"彩腔"有时候会被作为素材打散或扩充后使用，不再是原格式地进行套用。下面这段《到底人间欢乐多》就是以"彩腔"为主要元素、适当吸收了淮北"四句推子"音调编创而成的，现在已成为传唱度极高的黄梅戏唱段之一。

谱例65：

到底人间欢乐多①

（《牛郎织女》织女唱腔）

陆洪非、金　芝 编词
完艺舟、岑　范
方绍墀 编曲

1=♭E 2/4

中慢板 恬静、情不自禁地

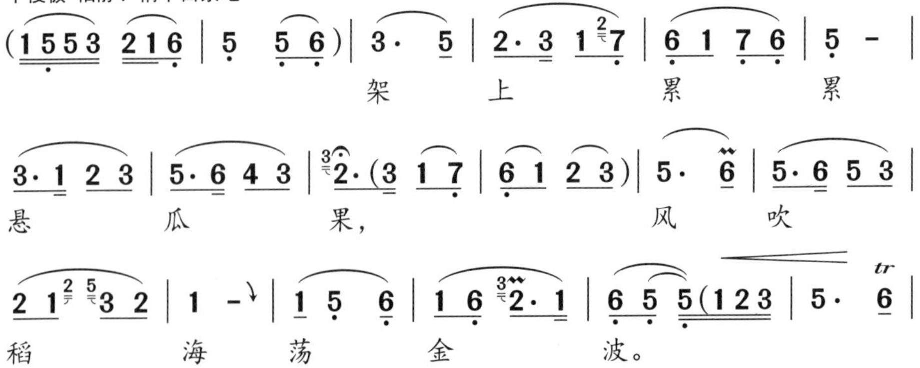

(1 5 5 3 2 1 6 | 5 5 6) 3·5 | 2·3 1 ²7 | 6 1 7 6 | 5 -
　　　　　　　　　　　架　上　累　累

3·1 2 3 | 5·6 4 3 | ³2 (3 1 7 | 6 1 2 3) | 5·6 | 5·6 5 3
悬　瓜　果，　　　　　　　　　　　　　风　吹

2 1 ²5 3 2 | 1 - | 1 5 | 1 6 ³2 1 | 6 5 5 (1 2 3 | 5· 6 ^tr ||
稻　海　荡　金　　波。

---

① 时白林：《黄梅戏唱腔赏析》，上海：上海音乐出版社，2013年，第52~54页。

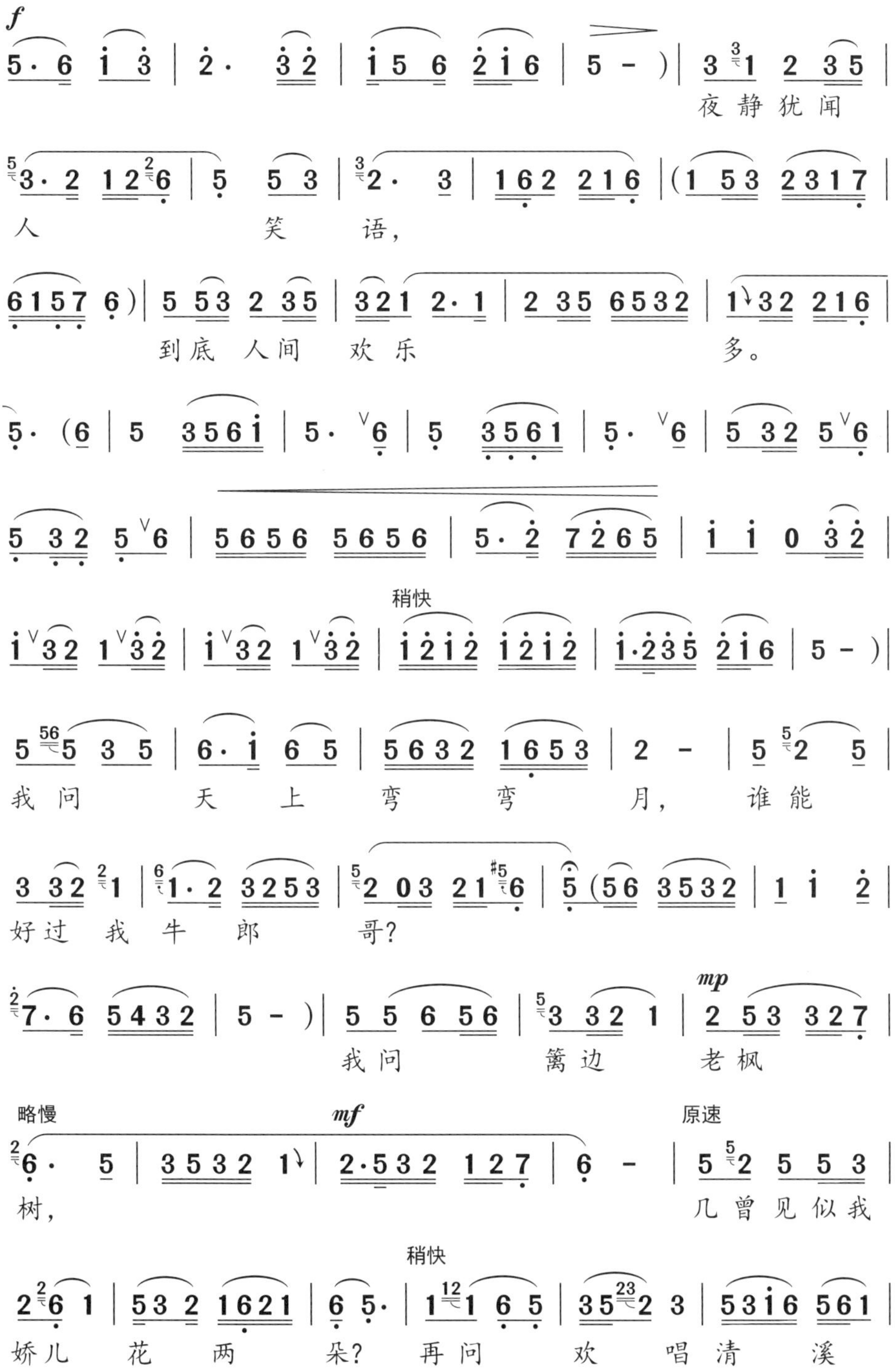
f
夜 静 犹 闻
人 笑 语，
到底 人间 欢 乐 多。
稍快
我 问 天 上 弯 弯 月， 谁 能
好 过 我 牛 郎 哥？
mp
我 问 篱 边 老 枫
略慢
mf
原速
树， 几 曾 见 似 我
稍快
娇 儿 花 两 朵？ 再 问 欢 唱 清 溪

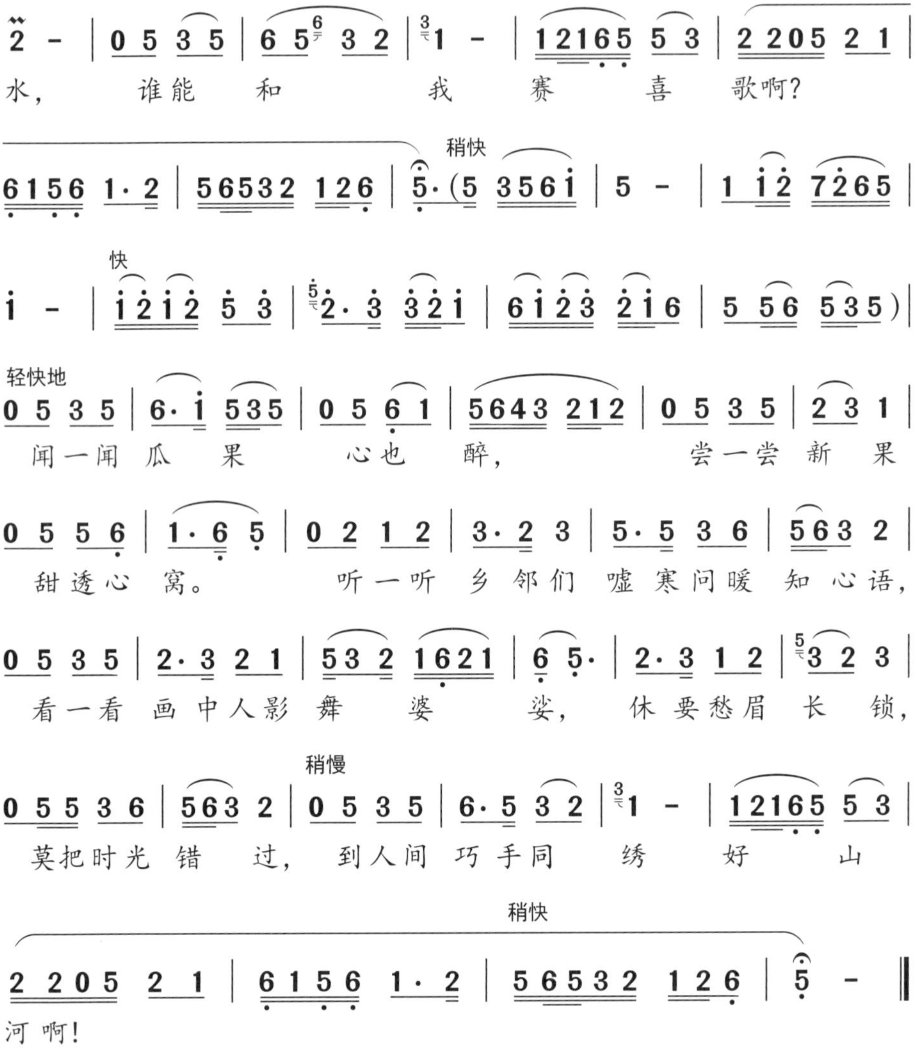
水，谁能和我赛喜歌啊？
稍快
快
轻快地
闻一闻瓜果心也醉，尝一尝新果
甜透心窝。听一听乡邻们嘘寒问暖知心语，
看一看画中人影舞婆娑，休要愁眉长锁，
稍慢
莫把时光错过，到人间巧手同绣好山
稍快
河啊！

8. **哭板**

“哭板”又名“哭介”，在形式上可分为“单哭板”和“双哭板”两种。“哭板”是用于抒发角色人物极度悲痛情绪的唱腔。该腔体男女分腔，不可单独成段，必须与“平词”等腔体联用。时白林先生将“哭板”“哭介”作为“平词”的补充乐句。①

① 王兆乾：《黄梅戏音乐（第2版）》，合肥：安徽文艺出版社，1999年，第228页。

"女哭板"举例：

谱例66：①

选自《小辞店》柳凤英唱段
严凤英演唱

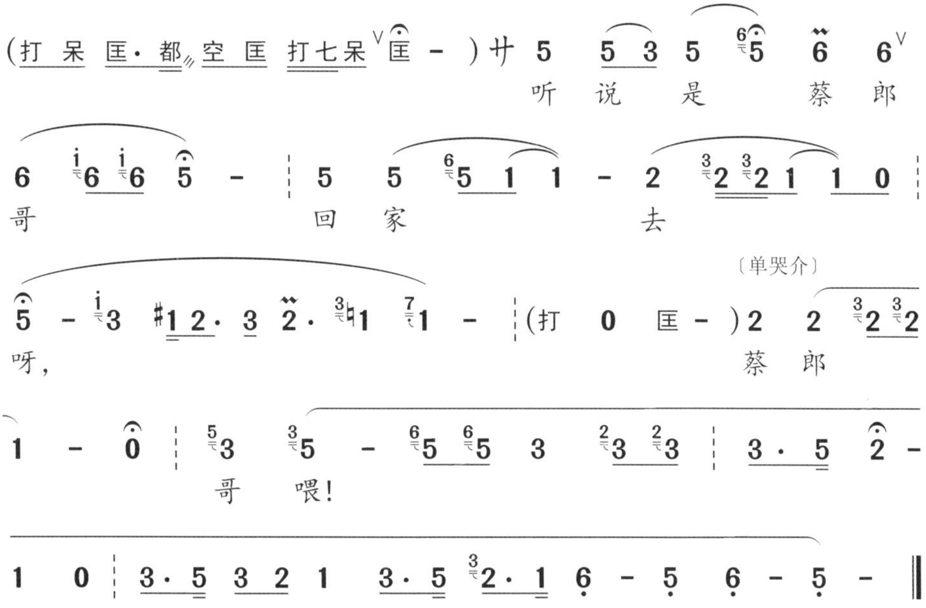

（乐谱：听说是蔡郎哥回家去呀，蔡郎哥喂！）

"男哭板"举例：

谱例67：②

选自《白扇记》渔网唱段
严凤英演唱

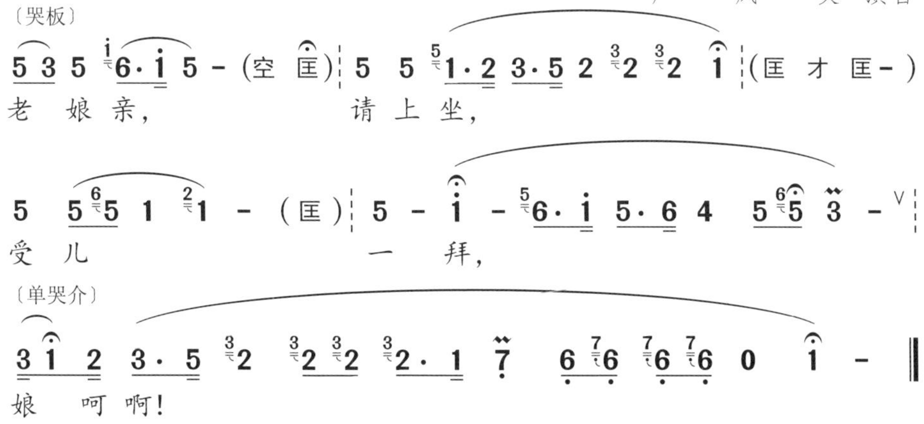

〔哭板〕
老娘亲，请上坐，受儿一拜，
〔单哭介〕
娘呵啊！

---

① 时白林：《黄梅戏音乐概论》，北京：人民音乐出版社，1993年，第208～209页。
② 时白林：《黄梅戏音乐概论》，北京：人民音乐出版社，1993年，第209～210页。

以上介绍的是黄梅戏的几种主要腔体。

一部成功的戏曲艺术作品,首先在于丰富精彩的剧本故事,其次是演员唱念做打精湛的表演技艺,加上绚丽的舞台美术对剧情的烘托,引起观众共鸣和美的享受,让观众认可,才能进入人们的心里。所以,一名戏曲演员想成功地演绎一部作品,关键在于演员自身是否具备扎实的戏曲基本功。在唱腔的沿革发展中,有许许多多的前辈通过刻苦努力,作出了难以磨灭的贡献。比如下面这段黄梅戏《陈州怨》中包拯、包勉唱的"幸喜得侄包勉新中探花",这一段是王少舫先生参与创作的花脸唱腔。包拯在戏曲舞台上是花脸,花脸演唱要求音色宽阔洪亮,旧时的黄梅戏行当划分比较薄弱,角色行当中就没有花脸这一行当,专用于花脸的唱腔几乎没有。王少舫先生为塑造包拯这一形象参与了唱腔设计,与陈精根老师一起经过反复推敲,根据角色行当特点创作出了这段唱腔。

谱例68:

幸喜得侄包勉新中探花[①]

(《陈州怨》包拯、包勉唱段)

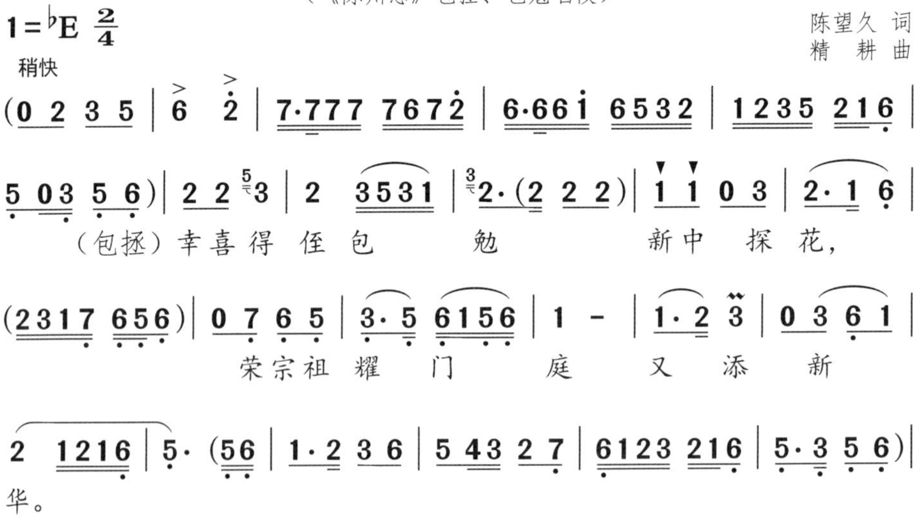

陈望久 词
精 耕 曲

[①] 精耕编著:《王少舫黄梅戏唱腔选集》,合肥:安徽文艺出版社,2010年,第221~223页。

第四章 黄梅戏的声腔音乐

（乐谱：

1 1 6̂1̂6̂5̂ | ⁵₃ 3 - | 2 3̂2̂ 5̂6̂7̂2̂ | 6̇ - | 6̇ 2̇ 3̇ | 7̂2̂5̂6̂ 1̇ |
喜中有　忧　　心难放　下，　宦海沉　浮

1 1̂3̂1̂ | 6̂5̂· 6̂6̂1̂ 2̂ | 3̂3̂2̂1̂1̂ (7̂2̂7̂6̂ 5̂6̂1̂) | 0 2̂ 7̇ 6̇ |
扁舟难　划。但愿他　廉洁奉公　　　仕途

5̂·6̂ 7̂2̂5̂ | 6̇ ⱽ5̇ 6̇ | 1̇ (0̂6̂ 5̂6̂1̂) | 2 3̂ 5̂6̂2̂ | ²7̇· (2 |
扬　马，报圣　恩　　　　抚黎　民

7̂2̂7̂6̂ 5̂6̂7̂) | 1·2 3̂5̂6̂1̂ | 2 0 3 | 2̂·3̂ 2̂1̂ | 3̂1̂ 1̂5̂6̂ |
　　　　白玉无　瑕。

⁵·(5̂5̂5̂ 5̂3̂5̂6̂ | 1̂6̂1̂2̂ 3̂5̂ | 6̂4̂0̂3̂ | 2̂5̂3̂5̂ 1̂2̂6̂1̂ | 5 3̂5̂6̂1̂) |

3̂3̂2̂1̂2̂ | ³₂ 2 - | 2 ⁵3̂2̂ | 1·(2 | 3̂2̂3̂5̂ 3̂2̂ | 1̂2̂7̂6̂ 5̂3̂5̂6̂ |
挽佢　　手　步长亭

1̂0̂6̂ 5̂6̂1̂) | 2 3̂2̂ 7̂2̂ | ⁵₃ 3 - ⱽ | 2 3̂5̂3̂2̂ | 1 2̂3̂2̂ | ²7̇· (2 |
（包勉）春景如　画，

稍快 甜美地

7̂·2̂3̂5̂ 3̂2̂ | 1̂2̂7̂6̂ 5̂6̂7̂) | 2 3̂5̂3̂2̂ | 1̂ 2̂1̂6̂ | 5̂3̂ 5̂6̂1̂2̂ |
　　　　　　　柳抚　堤　水泛

3̂ - | (3̂5̂6̂1̂ 5̂6̂1̂2̂ 3̂2̂3̂5̂6̂5̂6̂1̂ | ⁵₃ 3 -) | 5̂ 3̂ 2̂ | 1̂2̂1̂6̂ 5̂3̂ |
波　　　　　　　　　　　　　遍地　野

2̂·3̂5̂ | 2̂·3̂ 2̂1̂6̂ | 5̂·(3̂2̂3̂6̂ | 5̂3̂5̂2̂ 1̂6̂ | 5̂3̂ 5̂ 2̂3̂5̂6̂ | 1̂ -) ‖
花……）

陈精根先生在《王少舫黄梅戏唱腔选集》中这样评价道："把传统的黄梅戏唱腔改编成类似京、徽剧花脸行当唱腔，是王少舫先生对黄梅戏

113

声腔发展的一大贡献。其特点是乐句深沉干练、长短相间、棱角分明。"在演此类行当角色时,王少舫充分利用他宽厚洪亮的嗓音,用鼻腔和胸腔共鸣,唱出宏伟豪迈的"龙虎"音。听王少舫唱包拯这类角色的唱腔真有地摇屋动的气势。

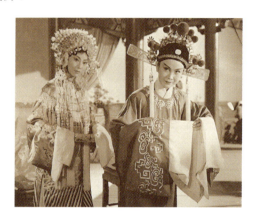

黄梅戏电影《女驸马》剧照,潘璟琍饰演公主,严凤英饰演冯素珍(图片由王小亚提供)

再向大家介绍两段经典唱腔谱例,一段是由黄梅戏剧作家陆洪非作词,黄梅戏曲作家时白林作曲,黄梅戏表演艺术家严凤英、潘璟琍在《女驸马》中演唱的"民女名叫冯素珍"。另一段则是黄梅戏表演艺术家王少舫移植剧目《梁祝》选段"生离死别难相会"的演唱记谱,从中可以领略黄梅戏各种腔体是如何配合联用的。

唱段谱例一《女驸马》选段"驸马原来是女人":

谱例69:

驸马原来是女人①
(《女驸马》冯素珍、公主唱腔)

陆洪非 等词
时白林 编曲

① 时白林:《黄梅戏音乐概论》,北京:人民音乐出版社,1993年,第381~389页。

裙，公主 请 看耳环痕。

(公主)一声霹雳破晴空，驸马原来是女人。

想我金枝玉叶体，怎能遭受这欺凌，越思越想越难忍，随我金殿去面圣君！

(冯)冒犯皇家我知罪，并非蓄意乱朝

$\underbrace{2\ 1\ \dot{6}}\ |\ \underbrace{3\ 2}\ \underbrace{3\ 5}\ |\ \underbrace{5\ 3}\ \underbrace{2\ 1}\ |\ \underbrace{1\ 2}\ \underbrace{\dot{6}\ 5}\ |$
廷。　　公主　请息　雷霆怒，

$\underbrace{5\ 3}\ 5\ |\ \underbrace{5\ 6}\ \underbrace{6\ 5}\ |\ 3\ \underbrace{5\ 3}\ |\ \underbrace{2\ 3}\ 1\ |\ (1\cdot\underbrace{2}\ \underbrace{3\ 5}\ |$
且容　民女　诉　冤　情。

渐慢　　　　　　　ƒ　　　　　　　慢
$\underbrace{2\ 3\ 2\ 1}\ |\ \underbrace{2\ 3\ 2\ 1}\ |\ \underbrace{\dot{6}\ 1\ 2\ 3}\ \underbrace{2\ 1\ \dot{6}}\ |\ \frac{4}{4}\underbrace{\dot{5}\cdot\ \underbrace{6}}\ \underbrace{5\ 5}\ \underbrace{2\ 3\ 5}\ \underbrace{\dot{5}\cdot3})|$

〔平词〕
$\underbrace{5\ 5}\ \underbrace{3\ 2}\ \underbrace{5\ 3}\ \underbrace{3\ 2\ 1}\ |\ \underbrace{2\ \dot{6}}\ 5\ \underbrace{6\cdot 1}\ \underbrace{2\ 3\ 2}\ |\ \frac{2}{4}\overset{\frown}{1}(\underbrace{6\ 2\ 3}\ \underbrace{2\ 1\ \dot{6}}\ |$
民女　名叫　冯素　珍，

$\frac{4}{4}\underbrace{\dot{5}\cdot\ 6}\ \underbrace{5\ 5}\ \underbrace{2\ 3\ 4\ 3}\ \underbrace{5\ 3})|\ \underbrace{5\ 3}\ \underbrace{^\#2\ 3\ 2}\ \underbrace{^\natural1\ 1\ \dot{6}\ 5}\ |\ \underbrace{2\ 3\ 2\ 3}\ \underbrace{5\ 3}\ \underbrace{2\cdot 1}\ \underbrace{\dot{6}\ 1\ 2\ 1}\ |$
自　幼　许配　李　兆

$\underbrace{\dot{6}\ 5}\ (\underbrace{4\ 3}\ \underbrace{2\ 3}\ \underbrace{5\ 3})\ |\ 3\ ^\#1\ 2\ \overset{3}{\underbrace{2}}\ |\ \underbrace{2\ \dot{6}\ 5}\ \underbrace{\dot{6}\ 5\cdot}\ |\ \underbrace{2\cdot 3}\ \underbrace{1\ 2\ 1}\ \underbrace{\dot{6}\ 5}\ 6(\underbrace{7\ 6}\ |$
廷。　爹娘　嫌贫　爱富　贵，

$\underbrace{5\ 7})\underbrace{\dot{6}\cdot 5}\ \underbrace{\dot{6}\ 1}\ \overset{3}{2}\ |\ \underbrace{2\ \dot{6}\ 5}\ \underbrace{1}\ \underbrace{\dot{6}\ 5\cdot}\ |\ \underbrace{3\ 2}\ \underbrace{1\ \dot{6}}\ \underbrace{5\cdot 6}\ \underbrace{1\ 2}\ |$
诬陷　李郎　　入了　监中。

$\underbrace{\dot{6}\ 5}\ (\underbrace{1\ 7}\ \underbrace{\dot{6}\cdot 1}\ \underbrace{2\ 1\ 2\ 3})\ |\ \underbrace{5\ 5}\ \underbrace{3\ 2}\ \underbrace{5\ 3}\ \underbrace{3\ 2\ 1}\ |\ \underbrace{2\cdot 3}\ \underbrace{1\ 2}\ \underbrace{\dot{6}\ 5}\ 6(\underbrace{5\ 7}\ |$
民女　只为　救夫　命，

$\underbrace{\dot{6}\ 5})\underbrace{5\ 3}\ \underbrace{2\ 5}\ \underbrace{6\ 5\ 3\ 5}\ |\ \underbrace{2\cdot 1}\ \underbrace{\dot{6}\ 1\ 2}\ \underbrace{\dot{6}\ 5\cdot}\ |\ \underbrace{2\ 1}\ \underbrace{5\ 3}\ \underbrace{2\cdot 1}\ \underbrace{\overset{6}{1}\ \dot{6}}\ |$
万里　奔　波　到京

$\underbrace{\dot{6}\ 5}\ (\underbrace{1\ 7}\ \underbrace{\dot{6}\ 5\ \dot{6}\ 1}\ \underbrace{2\ 1\ 2\ 3})\ |\ \underbrace{5\ 5}\ \underbrace{6\ 5\ 6}\ \underbrace{3\ 3\ 2}\ \underbrace{1\ 1}\ |\ \underbrace{5\ 3}\ \underbrace{2\ 1}\ \underbrace{2\ \dot{6}}\ \underbrace{5\ 6}\ |$
城。　　　　实指望　取得功名夫　有救，

$\underbrace{5\ 5}\ \underbrace{3\ 2}\ \underbrace{5\ 3}\ \underbrace{2\ 1\cdot 2}\ |\ \underbrace{\dot{6}\ 5}\ (\underbrace{1\ \dot{6}\ 5\ \dot{6}\ 1}\ \underbrace{5\ 7})\ |\ \underbrace{\dot{6}\cdot 1}\ 5\ \underbrace{\dot{6}\cdot 1}\ \underbrace{2\ 1\ 2}\ |$
谁知　被召　　　　　　　入

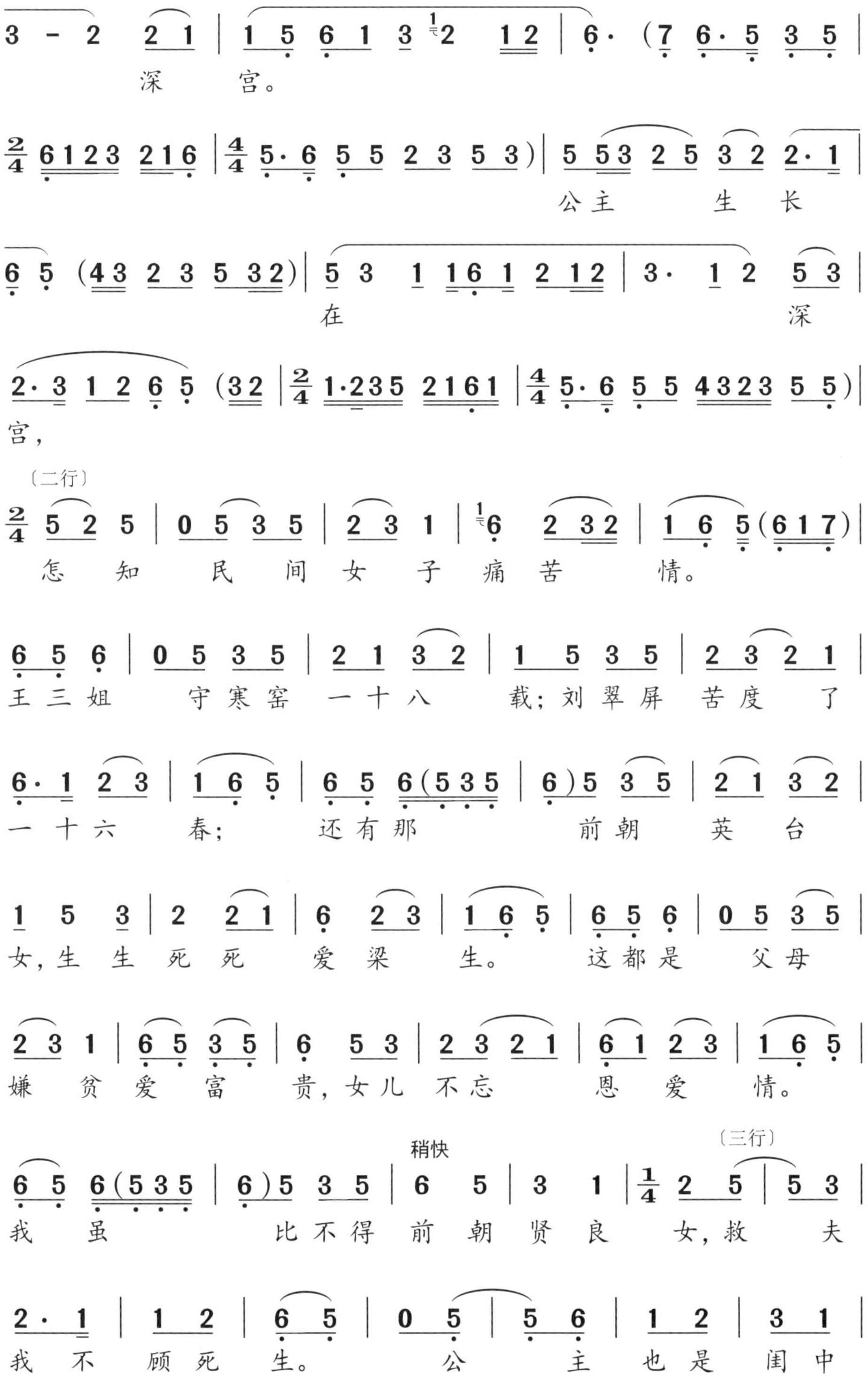

深宫。

公主生长

在　　　　深

宫，

〔二行〕

怎知民间女子痛苦情。

王三姐守寒窑一十八载；刘翠屏苦度了

一十六春；还有那前朝英台

女，生生死死爱梁生。这都是父母

嫌贫爱富贵，女儿不忘恩爱情。

稍快　　　　　　　　　〔三行〕

我虽比不得前朝贤良女，救夫

我不顾死生。公主也是闺中

〔彩腔〕

慢
$\frac{2}{4}$ 2 2535 | 6·5 532 | 1 - | 56 653 | ⁵₌2· 1 |
女，难道你 不念素 珍　　救夫一 片 心。

快
6̣1 216̣ | 5̣· (32 | $\frac{1}{4}$ 1·2 | 35 | 23 | 1 | 6161 | 23 |

〔火攻〕
1̣ 6̣ | 5̣) | 5 | 5 | 6 | 5 | 3 | 1 |
　　　　（公主）一　心　救　夫　我　钦

⁵₌3·5 | 2 | 5·5 | 35 | 6·1 | 65 | 33 | 35 |
佩， 大不 该 进宫 来 误我 终

〔平词迈腔〕
23 | 1 | (5·2 | 35 | 23 | 1 65) | $\frac{4}{4}$ 535 66165 |
身。　　　　　　　　　　　　　（冯）误你 终身

551 2·353 | 232 1̂ (61·235 216 | 5·6 55 4323 5) |
不是 我，

〔三行〕
$\frac{1}{4}$ 05 | 53 | ²³₌2·1 | 12 | 65 | 05 | 56 |
当　今　皇帝 你父 亲。　不是

12 | 31 | 253 | 211 | 12 | 65 | 05 |
君王 传圣 旨,不是 刘大 人做 媒人， 素

55 | 35 | 31 | 23 | 5 | 53 | 2·1 | 12 |
珍 纵有 天大 胆,也 不　敢 冒昧 进宫

65 | 05 | 55 | 65 | 31 | 2 ᵛ5 | 53 | 21 |
门。 真 情 实话 对你 讲,望　求 公主

61 | 65 | 01 | 12 | 35 | 65 | 3 ᵛ5 | $\frac{2}{4}$ 35 1̇ |
细思 忖,　公 主若 肯将 我恕,我　永世

第四章 黄梅戏的声腔音乐

6 53 | 5̲6 - | (6·6 66 | 60 60) | 5 0 | 1̇ 0 |
不 忘　　　　　　　　　　　　　你　的

1̇ 5 6 | 6 - | 5̇ (6 5 6 | 5 6 5 6 | 5·1̇ 6 1̇ | 5̄ 5̄) |
恩。

〔火攻〕
5 5 6 5 3 1 | 1/4 2 | 2/4 5 5 3 | 3/4 2 5·3 |
（公主）听她言来有道理，顿时　叫我

2/4 2 - | 5 3 5 | 2 1 6̣ | (5·2 3 5 | 3 2 1 2 6̣) |
无　主　张。

5 5̲3 | 2 2̲1 | 1 2 6̣ | 5̣ 5̣ 6̣ 3 |
我若　不将　你来杀，岂不终身

〔花三槌〕
5·6 5 3 | 2 - | (5·2 3 5 | 2 3 2 1 2) | 5 5̲3 |
呐　　　　　（匡·才 衣 才｜匡 才 匡）守 空

2̲3̲1 | (1·2 3 5 | 2 3 2 1 | 6̣1̣6̣1̣ 2 3 | 1 6̣ 5̣) |
房。

5 5 | 6 5 | 3 1 | 3·5 2 | 5 5̲3 |
（冯）公 主　纵 然　杀 了 我，　你 也

2̲3̲2̲1 | 6̣ 6̣ 1 | 2 3 1 | (5·2 3 5 | 2 3 3̲2̲1 |
嫁 不 得 如 意 郎 君。

6̣1̣6̣1̣ 2 3 | 1 6̣ 5̣) | 3/4 5·5 3 5 6 | 2/4 3 1 | 3·5 2 |
　　　　　　　　　　昨 日 公 主　　招 驸 马，

3/4 5·3 2 2 3 | 2/4 1 3 2 | 2 1 6̣ | (5·2 3 5 | 3 2 1 2 6̣) |
皇 家 喜 事　　天 下 闻。

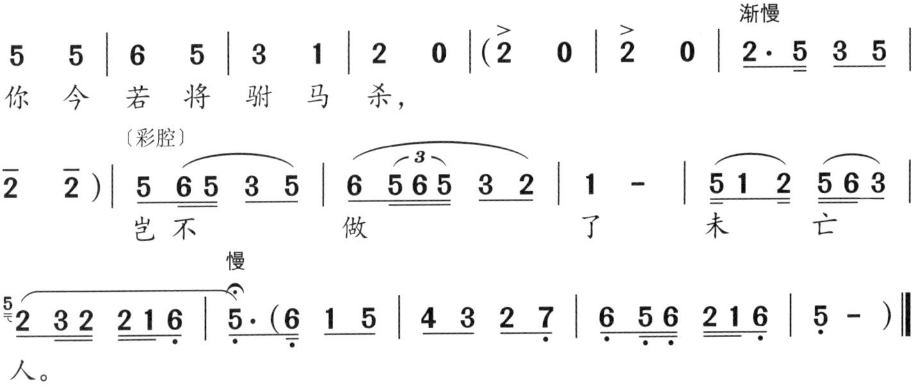

唱段谱例二《梁祝》选段"生离死别难相会":

谱例70:

生离死别难相会①

(《梁祝》梁山伯唱腔)

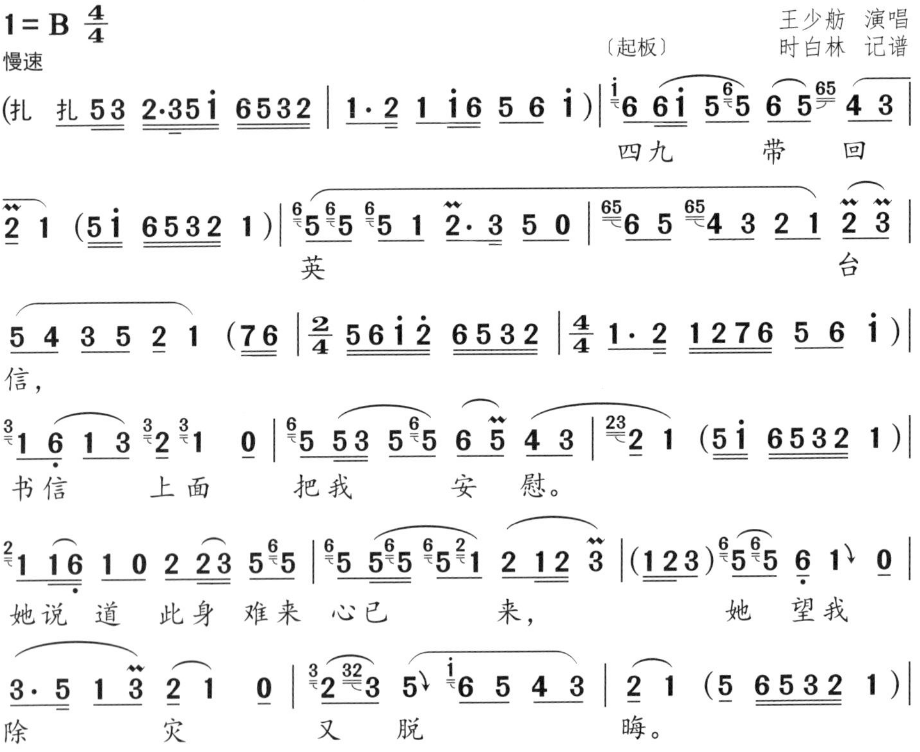

王少舫 演唱
时白林 记谱

①时白林:《黄梅戏音乐概论》,北京:人民音乐出版社,1993年,第357~359页。

艺术贵在创新,说到"百花齐放",总是让人想起春日里的花园,盛开的花朵千姿百态,艺术世界里又何尝不是?在同一种艺术形式中,用千变万化的表现手法,把丰富多彩的内容有机地结合起来,就会出现新的闪光点。无论是对板还是其他的黄梅戏声腔,只有继承发扬黄梅戏特有的基本要素,合理安排和创新,才能形成独特而优美的黄梅戏唱腔。

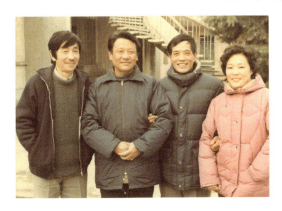

1987年黄梅戏作曲家程学勤、马自宗与丁士匡、张孝荣探讨黄梅戏音乐时留念,左起:马自宗、丁士匡、程学勤、张孝荣(图片由张孝荣提供)

第五章　黄梅戏的剧目

一、剧目概述

中国传统戏曲在几百年的传承发展中积累了许多经典剧目。据资料记载:1956 年进行了全国第一次戏曲剧目统计,统计出传统戏曲剧目共 51867 个。其中清代地方戏的剧目数量有上万个之多。51867 个,这是多么庞大的数字![1]

当我们翻开这些传统戏曲剧目,看到的简直就是一部中华民族发展史,是一幅波澜壮阔、光辉绮丽的历史画卷。戏曲舞台上的剧目故事,内容丰富,题材多样:有民间传说,有历史事件,有神话小说;故事中有明君贤相内政外交的治国才能,有良将谋士出神入化的用兵方略,有感天动地的家国情怀,有温暖人间的至真亲情;故事中的人物有忠臣孝子、节烈义士,有清官豪侠、市井小民,有闺阁千金、女中豪杰,有村姑老叟、老翁孩童,等等。从这些故事和人物角色的身上,我们可以感受到中华民族不屈的精神,感受到传统道德强大的感化力,以及这些剧目故事折射出的人性真善美和中华民族智慧勤劳之光。

作为地方戏剧种之一的黄梅戏,是中国戏曲大花园里一朵迟开的小花,是一个晚熟的剧种。受社会环境和地域因素等影响,黄梅戏传统的

---

[1] 景安东编著:《中国传统戏曲艺术及经典剧目赏析》,成都:电子科技大学出版社,2012 年,第 36 页。

舞台剧目大多以生活小戏为主,更多的是反映了不同历史时期皖、鄂、赣三省部分地区多姿多彩的地域文化。

传统的黄梅戏剧目主要分为传统的花腔小戏和正本大戏两大类,内容题材以生活故事和神话故事为主。

早期黄梅戏只能演"花腔小戏"。演绎的内容基本上是劳动人民在生产生活中发生的小故事和小片段,这些片段情节简单,人物少,时间短。这些特点从流传下来的剧目故事中就可以了解到。随着时间的推移,在其他相对成熟的表演形式和艺术形式的影响下,黄梅戏逐渐开始演"正本戏"了。"正本戏"主要演绎的是一些民间故事、神话传说,也有一些伦理故事和改变自时事的故事。

相对于早期的"花腔小戏","正本戏"故事情节和角色人物丰富了许多,一台戏表演的时长也自然增加了。关于传统黄梅戏剧目到底有多少,常听到的一种说法是:小戏有72本,大戏有36本。其实这里的"36"和"72"都是概数,与实际剧目并不是一一对应的。

黄梅戏剧目的"家底"实际远远不止这些。在安徽文艺出版社出版的《中国黄梅戏》这本书中,有关黄梅戏剧目的内容里有这样一段文字:"实际上不断发现的有文字记录的剧本有大戏79本,小戏116个。"①

我们大致梳理了早期黄梅戏流传下来的传统剧目和部分后来移植、改编、新创作上演的部分剧目,以及拍摄上映的黄梅戏电影、音乐电视剧、舞台演出录像。对部分传统黄梅戏的故事梗概进行简单介绍。通过对这些不同时代的剧目及其故事内容和传播方式的梳理、介绍,从中可以探寻黄梅戏艺术的发展脉络,感受黄梅戏的发展历程。

二、剧目详情

1. 安徽省文化局剧目研究室编的《安徽省黄梅戏传统剧目汇编》(内

---

① 王长安主编:《中国黄梅戏》,合肥:安徽文艺出版社,2009年,第417页。

部资料)所列剧目：[1]

第一集(6个剧目)：①《罗帕记》②《乌金记》③《白扇记》④《锁阳城》⑤《血掌记》⑥《双合镜》

第二集(5个剧目)：①《张朝宗告漕》②《珍珠塔》③《花针记》④《凤凰记》⑤《葡萄渡》

第三集(6个剧目)：①《荞麦记》②《二龙山》③《毛洪记》④《金钗记》⑤《绣鞋记》⑥《卖花记》

第四集(6个剧目)：①《天仙配》②《剪发记》③《菜刀记》④《青风岭》⑤《丝罗带》⑥《牌环记》

第五集(6个剧目)：①《鸡血记》②《岳州渡》③《赶子图》④《吐绒记》⑤《罗裙记》⑥《鹦哥记》

第六集(6个剧目)：①《山伯访友》②《云楼会》③《火焰山》④《水涌登州》⑤《白布楼》⑥《葵花井》

第七集(6个剧目)：《双插柳》《卖水记》《双救举》《刘子英打虎》《青天记》《双丝带》

第八集(6个剧目)：①《下天台》②《柳凤英修书》③《罗裙宝》④《闹官棚》⑤《大辞店》⑥《私情记》

第九集(30个剧目)：①《打猪草》②《夫妻观灯》③《蓝桥汲水》④《罗凤英捡柴》⑤《卖花篮》⑥《补背褡》⑦《送绫罗》⑧《绣荷包》⑨《送表妹》⑩《剜木瓢》⑪《纺棉纱》⑫《戏牡丹》⑬《卖老布》⑭《卖杂货》⑮《卖疮药》⑯《点大麦》⑰《打豆腐》⑱《卖斗箩》⑲《借妻》⑳《钓蛤蟆》㉑《登州找子》㉒《砂子岗》㉓《湘子化斋》㉔《辞院》㉕《骂鸡》㉖《老少换妻》㉗《送亲演礼》㉘《游春》㉙《打纸牌》㉚《闹黄府》

---

[1] 安徽省文化局剧目研究室编：《安徽省传统剧目汇编》，合肥：安徽省文化局剧目研究室，1958年。

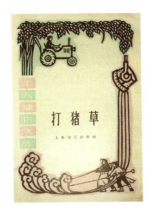
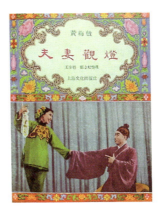

黄梅戏《打猪草》剧本封面(图片由郑文生提供)
黄梅戏《夫妻观灯》剧本封面(图片由郑文生提供)

第十集(34个剧目):①《三字经》②《二百五过年》③《打哈叭》④《瞎子捉奸》⑤《瞎子闹店》⑥《瞧相》⑦《挑牙虫》⑧《邀学》⑨《讨学俸》⑩《打花魁》⑪《李广大过门》⑫《糍粑案》⑬《胡延昌辞店》⑭《小清官》⑮《吕蒙正回窑》⑯《许仕林祭塔》⑰《苦媳妇自叹》⑱《郭素珍自叹》⑲《刘素贞自叹》⑳《闺女自叹》㉑《英台自叹》㉒《赵五娘自叹》㉓《花魁女自叹》㉔《烟花女自叹》㉕《恨大脚》㉖《恨小脚》㉗《姑嫂望郎》㉘《张德和休妻》㉙《打烟灯》㉚《逢人骗》㉛《小补缸》㉜《补碗》㉝《捡柴》㉞《染罗裙》

2.安徽省文化局剧目研究室修订的《安徽省黄梅戏传统剧目汇编》所列剧目:[1]

(1)大戏44出:

①《罗帕记》②《乌金记》③《白扇记》④《锁阳城》⑤《血掌记》⑥《双合镜》⑦《张朝宗告漕》⑧《珍珠塔》⑨《花针记》⑩《凤凰记》⑪《葡萄渡》⑫《荞麦记》⑬《二龙山》⑭《毛洪记》⑮《金钗记》⑯《绣鞋记》⑰《卖花记》⑱《天仙配》⑲《剪发记》⑳《菜刀记》㉑《青风岭》㉒《丝罗带》㉓《牌环记》㉔《鸡血记》㉕《岳州渡》㉖《赶子图》㉗《吐绒记》㉘《罗裙记》㉙《鹦哥记》㉚

---

[1] 安徽省文化局剧目研究室编:《安徽省黄梅戏传统剧目汇编》,修订重印第2版,安庆:安庆市文化局,1998年。

《上天台》(又称《山伯访友》下部)㉛《云楼会》㉜《火焰山》㉝《水涌登州》㉞《白布楼》㉟《葵花井》㊱《双插柳》㊲《卖水记》㊳《双救举》㊴《刘子英打虎》㊵《青天记》㊶《双丝带》㊷《下天台》(又称《山伯访友》上部)㊸《柳凤英修书》㊹《罗裙宝》

(2)串戏3出(括号中为组成这些串戏的小戏名称)：

①《闹官棚》(报灾、逃水荒、闹店、李益卖女、闹官棚、告坝)②《大辞店》(挖茶棵、劝姑讨嫁、张三求子、张德和宿店、撒芥菜〈打菜苔〉、张德和辞店)③《私情记》(拜年、观灯、吃醋、反情、相思、上竹山、充军)

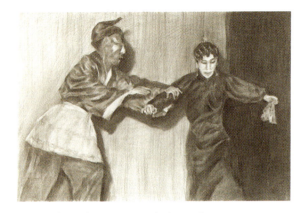

黄梅戏《卖斗箩》(图片由韩梅、何永新绘制)

(3)小戏65出：

①《打猪草》②《夫妻观灯》③《蓝桥汲水》④《罗凤英捡柴》⑤《卖花篮》⑥《买胭脂》⑦《补背褡》⑧《送绫罗》⑨《绣荷包》⑩《送表妹》⑪《剜木瓢》⑫《纺棉纱》⑬《戏牡丹》⑭《卖老布》⑮《卖杂货》⑯《卖疮药》⑰《点大麦》⑱《打豆腐》⑲《卖斗箩》⑳《借妻》㉑《钓蛤蟆》㉒《登舟找子》㉓《砂子岗》㉔《湘子化斋》㉕《辞院》㉖《骂鸡》㉗《老少换妻》㉘《送亲演礼》㉙《游春》㉚《打纸牌》㉛《闹黄府》㉜《三字经》㉝《二百五过年》㉞《打哈叭》㉟《瞎子捉奸》㊱《瞎子闹店》㊲《瞧相》㊳《挑牙虫》㊴《邀学》㊵《讨学俸》㊶《打花魁》㊷《李广大过门》㊸《糍粑案》㊹《胡延昌辞店》㊺《小清官》㊻《吕蒙正回窑》㊼《许仕林祭塔》㊽《苦媳妇自叹》㊾《郭素珍自叹》㊿《刘素贞

自叹》(51)《闺女自叹》(52)《英台自叹》(53)《赵五娘自叹》(54)《花魁女自叹》(55)《烟花女自叹》(56)《恨大脚》(57)《恨小脚》(58)《姑嫂望郎》(59)《张德和休妻》(60)《打烟灯》(61)《逢人骗》(62)《小补缸》(63)《补碗》(64)《捡柴》(65)《染罗裙》

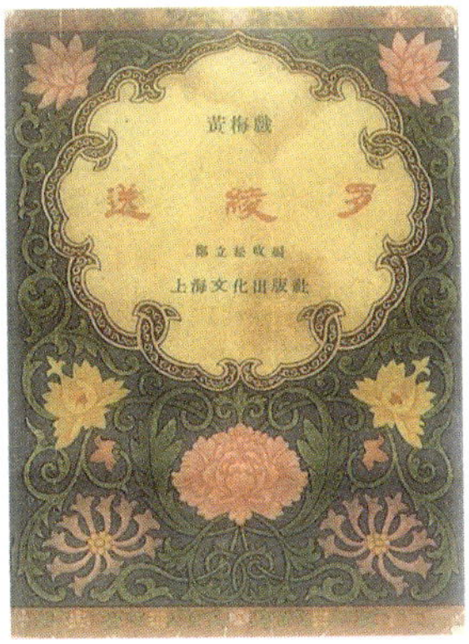

黄梅戏《送绫罗》剧本封面(图片由郑文生提供)

3. 桂遇秋先生在《大本三十六 小出七十二——传统剧目简介》中为我们开列了黄梅戏传统剧目另一个版本名单:[①]

(1)三十六本大戏("/"后是其别名)

①《天仙配》/《董永卖身》《七姐下凡》《槐荫记》②—④《张朝宗告经承》/《张朝宗告漕》(此剧分上、中、下三本)⑤《鹦哥记》(《西楼会》是其中一折)⑥《金钗记》(《春香闹学》是其中一折)⑦《卖花记》⑧《乌金记》(《吴天寿观书》是其中一折)⑨《吐绒记》⑩《牌环记》《拷打红梅》/《红梅装疯》⑪《鸡血记》/《血衣记》⑫《赶子图》(《送香茶》是其中一折)⑬—⑭《绣花针》/《绣水桥逃难》(此剧分上下本:上本《绣针记》,下本《拜金钟》)⑮—⑯《罗帕记》(此剧分上下本:上本《罗帕宝》,下本《三鼎甲》)⑰《锁阳城》⑱《桂花树》/《绣鞋记》《曹正榜逃难》⑲《荞麦记》/《三女图》⑳《破镜圆》/《双合镜》㉑《珍珠塔》/《方卿借银》㉒《毛宏记》/《两世缘》《毛宏写退》㉓

① 桂遇秋:《大本三十六 小出七十二——传统剧目简介》,载《黄梅戏艺术》,1981年第2辑 第137~140页。

《胭毡记》/《胭毡褶》《岳州渡》㉔《白扇记》/《渔网会母》㉕《清官册》/《葡萄渡》《大清官》《于成龙私访》㉖《上天台》(即《山伯访友》下部)㉗《下天台》(即《山伯访友》上部)㉘《铁笼山》/《三宝记》《二龙山》㉙《罗裙记》㉚《菜刀记》/《蔡鸣凤辞店》㉛《凤凰记》/《张孝打凤》㉜《白布楼》㉝《血掌记》㉞《罗裙宝》㉟《青风岭》/《杜氏卖身》㊱《葵花井》

(2) 七十二出小戏("/"后是其别名)

①《报灾》②《官棚打斗》/《闹官棚》③《李益借银》④《李益卖女》⑤《逃水荒》⑥《冯氏劝告》⑦《余老四拜年》⑧《二姑娘观灯》⑨《赶会》/《推车赶会》⑩《吃醋》⑪《反情》⑫《双想》⑬《过界岭》/《上竹山》⑭《张二女自叹》⑮《余老四打瓜》⑯《余老四充军》⑰《姑嫂望郎》⑱《小和尚挖茶》⑲《劝细姑》⑳《讨嫁妆》㉑《张三请菩萨》㉒《下南京》㉓《撒芥菜》㉔《张德和休妻》㉕《攀竹笋》/《打猪草》㉖《夫妻观灯》㉗《蓝桥汲水》/《蓝桥会》㉘《送绫罗》㉙《绣荷包》㉚《送表妹》㉛《卖棉纱》㉜《王小二卖鞋》/《打豆腐》㉝《种大麦》㉞《懒烧锅》/《卖斗箩》㉟《钓蛤蟆》㊱《闹黄府》㊲《叶武辞院》㊳《吴三保游春》㊴《毛之才滚烛》㊵《张监生调情》㊶《张先生邀学》㊷《打花魁》㊸《李广大过门》㊹《杨二女起解》/《糍粑案》㊺《胡彦昌辞店》㊻《余文榜私访》/《小清官》㊼《苦媳妇自叹》㊽《郭素珍自叹》㊾《烟花女自叹》㊿《砂子岗》51《杨驼讨亲》52《补碗》53《染围裙》54《痛姐坐院》55《水阁亭》56《青龙山赶会》57《卖大蒜》58《汪氏劝夫》59《赶春桃》60《补背褡》61《卖大布》62《讨学钱》63《登舟找子》64《罗凤英捡柴》65《卖花篮》66《郭华买胭脂》67《湘子化斋》68《三字经》69《王婆骂鸡》70《聂汝捡柴》71《乾隆游苏州》72《剜木瓢》

4. 桂遇秋、黄旭初主编,安庆市黄梅戏剧院编辑室编辑出版的一套15集《黄梅戏传统剧目汇编》丛书,该套丛书的后记这样写道:"由桂遇秋先生收集并提供手抄本的这套15集《黄梅戏传统剧目汇编》,严格说应该称为《黄梅采茶戏传统剧目汇编》,因为迄今戏剧界都认为黄梅采茶戏为黄梅戏之前身,即黄梅采茶为源,黄梅戏为流,故用此称谓亦似无不可。这套《汇编》共收入大戏97个,小戏109个,弹词(抄本)1篇,总约456.5万字。"以下就是它的目录:[①]

第一集(9本):①《罗帕记》②《三鼎甲》③《红灯记》④《乌金记》⑤《牙痕记》⑥《鱼网会母》⑦《锁阳城》⑧《血掌记》⑨《破镜圆》;

第二集(8本):①《南门打赌》②《告经承》③《见青天》④《方卿借银》⑤《绣针记》⑥《拜金钟》⑦《青龙山》⑧《清官册》;

第三集(8本):①《荞麦记》②《铁笼山》③《毛宏记》④《金钗记》⑤《绣鞋记》⑥《卖花记》⑦《天仙配》⑧《白莲台》;

第四集(7本):①《花亭会》②《菜刀记》③《清风岭》④《丝玉带》⑤《牌环记》⑥《鸡血记》⑦《赶子图》;

第五集(8本):①《胭毡记》②《下天台》③《柳荫记》④《上天台》⑤《三世缘》⑥《鹦哥记》⑦《解石钟》⑧《吐绒记》;

第六集(8本):①《葵花井》②《三姐下凡》③《白布楼》④《刘子英打虎》⑤《三救许蛟春》⑥《海林州》⑦《罗裙宝》⑧《罗裙记》;

第七集(8本):①《二龙山》②《红袍记》③《张四姐下凡》④《闹东京》⑤《双乡带》⑥《龙梦金私访》⑦《卖水记》⑧《乌江渡》;

第八集(8本):①《双插柳》②《秦雪梅吊孝》③《断机教子》④《珍珠塔》⑤《方卿蒙难》⑥《麒麟豹》⑦《大战凤龙山》⑧《黑风洞》;

第九集(9本):①《英雄山》②《逼宝珠》③《掉银记》(上本)④《掉银记》(下本)⑤《青天记》⑥《打粮房》⑦《宋关佑起义》⑧《江流记》(上本)⑨《江流记》(下本);

第十集(8本):①《水涌登州》②《琵琶井》③《囚笼记》(上本)④《囚笼记》(下本)⑤《道光游南京》⑥《绣幔帐》⑦《花仙山果蒙难记》⑧《石板记》;

---

① 桂遇秋、黄旭初主编:《黄梅戏传统剧目汇编》,安庆:安庆市黄梅戏剧院,1995年。

第十一集(9本):①《云楼会》②《莲花庵》③《香珠记》④《龙凤锁》⑤《药茶记》⑥《断恩仇》⑦《衫襟记》⑧《开棺审子》⑨《南瓜记》;

第十二集(10本):①《合同记》(《合同记》第一本)②《负义记》(《合同记》第二本)③《报恩记》(《合同记》第三本)④《落庵记》(《合同记》第四本)⑤《除暴记》(《合同记》第五本)⑥《寻儿记》(《合同记》第六本)⑦《索妻记》(《合同记》第七本)⑧《平妖记》(《合同记》第八本)⑨《两状元》⑩《双救举》;

第十三集(36本):①《秋胡戏妻》②《赵五娘自叹》③《祝英台祭坟》④《韩湘子化斋》⑤《铁板桥点药》⑥《薛平贵回窑》⑦《夫妻观灯》⑧《螺蛳纽》⑨《吕蒙正回窑》⑩《买胭脂》⑪《许仕林祭塔》⑫《打花魁》⑬《花魁自叹》⑭《假洞房》⑮《赶春桃》⑯《三娘教》⑰《柳凤英修书》⑱《龙舟会》⑲《荆州找子》⑳《绣荷包》㉑《前撇芥菜》㉒《绣蓝衫》㉓《张妻投河》㉔《张三请菩萨》㉕《挂招牌》㉖《小和尚锄茶》㉗《姑嫂望郎》㉘《打招牌》㉙《大辞店》㉚《送五里墩》㉛《后撇芥菜》㉜《劝细姑》㉝《讨嫁妆》㉞《回娘家》㉟《蓝桥会》㊱《古井幽会》;

第十四集(37本):①《秀英采桑》②《苦媳妇》③《游苏州》④《李广大过门》⑤《王氏求计》⑥《茶亭会》⑦《钓蛤蟆》⑧《毛子才滚烛》⑨《两河沟》⑩《报灾》⑪《逃水荒》⑫《李益借银》⑬《李益卖女》⑭《官棚打赌》⑮《冯氏劝告》⑯《迈拉逊私访》⑰《黎明五起解》⑱《张古董借妻》⑲《王婆骂鸡》⑳《王大娘补缸》㉑《补背褡》㉒《杨二女起解》㉓《胡彦昌辞店》㉔《辞年》㉕《拜年》㉖《吃醋》㉗《大反情》㉘《小反情》㉙《双想》㉚《打瓦》㉛《过界山》㉜《打案》㉝《柳林会》㉞《余老四充军》㉟《补碗》㊱《送绫罗》㊲《杨驼子讨亲》;

第十五集(37本):①《懒烧锅》②《吴三保游春》③《会春》④《瞧相》⑤《挑牙虫》⑥《种大麦》⑦《嫂怀胎》⑧《姑怀胎》⑨《送表妹》⑩《三字经》⑪《沙河可老捡柴》⑫《狗油锥子》⑬《恨小脚》⑭《恨大脚》⑮《张先生邀学》

⑯《讨学钱》⑰《胡痛姐坐院》⑱《聂儿捡柴》⑲《送同年》⑳《孔瞎子闹店》㉑《毛师娘捉奸》㉒《王瞎子捉奸》㉓《青龙山赶会》㉔《蔡金花卖纱》㉕《卖杂货》㉖《卖疮药》㉗《卖大布》㉘《卖大蒜》㉙《卖花篮》㉚《二百五卖纱》㉛《打哈叭》㉜《染罗裙》㉝《张监生调情》㉞《王小六卖鞋》㉟《汪氏劝夫》㊱《掰竹笋》㊲《附录：告堤费》(弹词抄本)。

虽然记载的都是黄梅戏的传统戏剧目，但各版本不尽相同。

从上面的目录我们可以看出，黄梅戏的剧目少有讲述金戈铁马、帝王将相故事一类的作品，多为生活故事、爱情故事、公案故事、神话故事，等等。我们认为，这与黄梅戏出身于草根有关。据专家考证，黄梅戏剧目的来源主要有以下三种：根据生活事件和民间故事自编；根据弹词、鼓书等说唱艺术作品改编；移植其他剧种的剧目(包括前代的高腔、徽调、京剧等和同为地方戏的兄弟剧种)。

5. 代表剧目、特色剧目举隅

(1)花腔小戏代表剧目

《苦媳妇自叹》《恨大脚》《恨小脚》这三出戏是独角戏，表现的是旧社会底层妇女对痛苦生活的怨恨。其中，《苦媳妇自叹》是大家非常熟悉的，它以说唱形式为主，展现一个童养媳一年十二个月在婆家受的种种磨难。《恨大脚》展现的是一个未曾缠足的女子在当时社会习俗中，受到街坊邻里的歧视。

《打猪草》《点大麦》《卖大蒜》《夫妻观灯》《剜木瓢》《捡柴》《补锅》《纺线纱》这八出戏展现的是农村手工业者和当时农民的生活状态。其中，《打猪草》展现了农村少年儿童的劳动生活。《打猪草》和《夫妻观灯》也是黄梅戏经典的传统小戏。

《卖老布》《卖杂货》《卖疮药》《卖花篮》这四出戏表现的是小商小贩走乡串镇的叫卖生活。

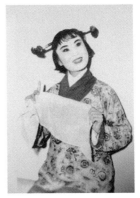

黄梅戏《闹金阶》剧照，严凤英饰演瑞莲(图片由王小亚提供)

《送表妹》《送绫罗》《补背褡》《绣荷包》《吴三保游春》《蓝桥汲水》《郭华卖胭脂》《云楼会》这些戏都表现了男女爱情故事，有的直接描写劳动者之间的爱情，有的表现书生对劳动妇女的追逐，有的反映非劳动阶层青年男女的相爱。这些戏均在不同程度上反映了封建社会中，人们对自由恋爱和婚姻自由的渴望。

《挑牙虫》《瞧相》这两出戏表现的是普通"江湖人"生活中发生的小故事。

《陈裁缝偷布》《闹黄府》《讨学俸》《砂子岗》《借妻》《逢人骗》《打纸牌》《卖斗笠》《打哈叭》《挖菜棵》《顶烛滚灯》《送亲演礼》《瞎子闹店》《瞎子捉奸》《打豆腐》《老少换妻》《钓蛤蟆》《小钓蛤蟆》这十八出戏属于插科打诨具有讽刺意味的民间小戏，内容大多比较低俗，剧情包含对压迫阶级的揭露与惩罚。在阶级对立的社会中，民间艺人只能用演绎的形式，宣泄劳动人民对压迫者的憎恶情绪。

《打花魁》《烟花女自叹》《烟花女告状》《叶五辞店》这四出戏是反映底层烟花女子生活的。

《上登州》演的是一位慈爱的母亲千里寻找自己的儿女，一路上千辛万苦，在举步维艰时得到一位船老大帮助的故事。

《戏牡丹》演的是吕洞宾在铁板桥试图调戏药店白掌柜的女儿白牡丹不成，反被聪明伶俐的白牡丹羞辱得面红耳赤、落荒而逃的故事。

《补缸》演的是胡老二替王大娘补缸的故事，情节和曲调与京剧《补缸》十分相仿。

《李广大过门》受其他剧种影响，情节与楚剧《葛麻》基本相仿。演的是李广大在驼子三巧的帮助下，与嫌贫爱富的朱绍益进行斗争的故事，移植自高腔。

《小尼姑思凡》演的是一个小女子从小被迫出家为尼，向往凡俗生活的故事。

《吕蒙正回寒窑》演的是吕蒙正高中后，为了试探其妻是否变心，特意穿着破旧衣服回窑，其妻好言相劝，一番安慰。见妻子如此真心对自己，吕蒙正告诉了妻子真相，夫妻相爱如初的故事。

《三字经》这出小戏又名《三字经告状》，是传统艺人以《三字经》文本为素材进行说唱说教的戏，以唱功为主，唱腔非常丰富，没有故事和主题。

《王婆骂鸡》这出戏移植自高腔，演的是王大娘因丢失老鸡而骂街的故事。

《湘子化斋》演的是韩湘子度林英小姐的故事，是从"道情"中演变而来的。

《逃水荒》《李益卖女》《算坝账》《闹官棚》这四出戏虽然在剧目名称上是独立的小戏，但展现的是同一个故事，也可以连在一起演出。如果把这几出戏放在一起演称作"串戏"。

《何氏劝姑》《张兰英讨嫁妆》《张三求子》《张三下南京》《张德和落店》《拔荠菜》《张德和辞店》《六里铺》《张德和夫妻》这九出戏展现的是同一个故事，可以单独演出，也可以连在一起演出。这九出小戏合在一起有个大家比较熟悉的剧目名字，叫《大辞店》。

《余老四拜年》《余老四打瓦》《余老四上竹山》《余老四吃醋》《余老四充军》《余老四反情》《张二女自叹》《二姑娘观灯》这八出戏叙述的是余老四和张二女恋爱的故事，也可以串起来演，叫《私情记》。

(2) 黄梅戏正本戏部分代表剧目

《天仙配》《董永遇仙姑》，其中"路遇"和"分别"两场戏来自"高腔"戏中的"槐荫会"和"槐荫别"。《董永遇仙姑》演的是董永因孝感动了玉皇大帝，玉皇大帝授命七仙女下凡与董永结为夫妻。之后这部戏经过改编，改名为《天仙配》。《天仙配》演的是七仙女被董永卖身葬父的孝心打动，看着形单影只的董永心生怜悯，深深地爱上这个忠厚老实的人，决心下凡与董永结为夫妻、追求人间爱情的故事。

《乌金记》《吐绒记》《血掌记》这三出戏讲的是同一个故事：书生周明月被诬陷为杀人犯，逼打成招打入死牢，择日斩首。其妻陈氏千里迢迢来南京下书求知府吴天寿伸冤，最后几经曲折辗转周明月终于昭雪平冤。

《鹦哥记》（又叫《西楼会》）、《金钗记》，这两出戏表现的是青年男女真心相爱，经历波折磨难，有情人终成眷属的爱情故事。

《荞麦记》《合镜记》《珍珠塔》《毛宏记》这四出戏反映的是亲人之间嫌贫爱富、背信弃义，最后有志之人通过勤奋努力取得荣华，而背信弃义之人得到报应的故事。

《山伯访友》这出戏包括全本的梁山伯与祝英台的故事，也是一个家喻户晓的传说故事。传统的《山伯访友》演出的内容是从金童玉女被贬下凡到化蝶为止。

《牌刀记》，也叫《菜刀记》，因望江一带称菜刀为牌刀，这出戏在望江一带叫《牌刀记》，后来又叫《蔡鸣凤辞店》。这出戏演的是小商人蔡鸣凤与卖饭女刘凤英相恋的故事。

《凤凰记》，又名《孝子冤》，演的是一位名叫张孝的男孩，因母亲病重在床，危在旦夕，传说青龙山的凤鸟能治好母亲的病，张孝独自攀上青龙山打凤鸟给母亲治病的故事。

《牌环记》《鸡血记》《清风岭》《赶子图》《花针记》《罗帕记》，这六出戏演的是夫妻、父子、继母、叔伯、子侄等亲人之间在生活中产生矛盾的故事。

《岳州渡》（又名《胭脂褶》）、《卖花记》，这两出戏讲的是作恶多端的恶霸强占民女最终受到惩罚的故事。

《白扇记》（又名《渔网会母》）、《葡萄渡》（又名《于成龙私访》），这两出戏讲的是官员与匪徒的故事。

《白布楼》《火焰山》《云楼会》《张四姐下凡》《水涌登州》《双插柳》，这六出戏是黄梅戏的固有剧目。

（3）从农村到城市后改编移植的剧目

《卖水记》《孟姜女》《西游记》《合同记》《蜜蜂记》《金镯玉环记》《唐伯虎点秋香》《十把穿金扇》《粉妆楼》《风车篷》《五秃平西》《二度梅》《昭君和亲》《武则天》《玉蜻蜓》《烈女恨》，这十六部戏是根据弹词唱本和章回小说改编的。

《秦雪梅》《荷花记》这两出戏是根据其他剧种演出的脚本改编的。

《卖油郎》《莲花庵》《阴阳河》《李三娘》《琵琶记》《天河配》《游月宫》《天下第一桥》《白蛇传》《孟丽君》《临江驿》《杀子报》《王华卖父》《女子状元》《猪八戒招亲》《三娘教子》《忠犬报主》《铡美案》《红娘》《铁莲花》《贩马记》《天雨花》《五子哭坟》《棒打无情郎》《坐楼杀惜》《盘丝洞》《人头娃娃鱼》《大破能仁寺》等三十多部戏是根据京剧改编的。

《小女婿》《柳树井》《罗汉钱》《小二黑结婚》《王贵与李香香》《锁不住的人》六出戏是根据评剧和其他剧种的戏改编的。

传统黄梅戏大小剧目有一百多个，早期演出的剧目中有插科打诨、色情糟粕的内容。随着时代发展，几代艺人在演出过程中加以整理，留其精华，去其糟粕。尤其是经典的大小剧目，如《打猪草》《打豆腐》《夫妻观灯》《砂子岗》《戏牡丹》《天仙配》《女驸马》《荞麦记》，等等，它们在演出中被不断加工，保留了最精华的部分，传承下来成为久演不衰、广受喜爱的黄梅戏经典剧目。

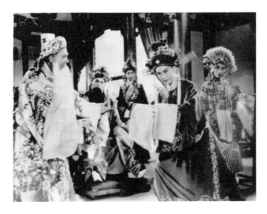

黄梅戏电影《女驸马》剧照,左起:王少舫饰演刘文举,张云凤饰演皇帝,佚名饰演太监,严凤英饰演冯素珍,潘璟琍饰演公主(图片由王小亚提供)

6.经过加工改编、创编和移植常演的部分剧目

1949年至20世纪70年代中期,黄梅戏新文艺工作者们将传统剧目加以改编,创作出了一批精品剧目,如大戏:《柳树井》《新事新办》《梁祝姻缘》《秦香莲》《煮东海》《蝴蝶杯》《天仙配》《红梅惊疯》《打金枝》《女驸马》《牛郎织女》等。小戏剧目:《打猪草》《蓝桥会》《补背褡》《路遇》《夫妻观灯》《春香闹学》《砂子岗》《推车赶会》《拾棉花》《借罗衣》等。这一时期被称为"梅开一度"。

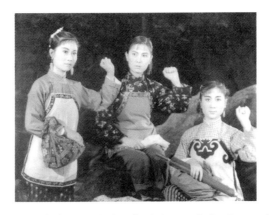

1965年,黄梅戏现代戏《党的女儿》演出剧照。左起:张萍饰演何秀英,严凤英饰演李玉梅,江明安饰演陈惠珍(图片由张萍提供)

20世纪70至90年代末,黄梅戏迎来第二个发展高潮,涌现出了一大批精品剧目和一批优秀演员,被称为"梅开二度"。该时期的优秀剧目有《借官记》《无事生非》《三进新房》《香魂曲》《朱门玉碎》《红楼梦》《未了情》《风雨丽人行》《啼笑姻缘》《柳暗花明》《潜龙辨画》《秋千架》《大乔与小乔》《徽州女人》《孔雀东南飞》《为奴隶的母亲》等。

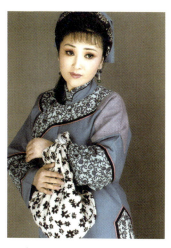

新编黄梅戏《为奴隶的母亲》剧照,满玲玲饰演母亲(图片由满玲玲提供)

7.部分黄梅戏影视作品

黄梅戏这个剧种是幸运的,她的发展壮大是中国戏曲的一个奇迹,在不长的发展历程中,几次抓住了时代发展的机遇,借助于媒介的传播力量,迅速地扩大了剧种的影响。从20世纪50年代开始,不同时期所摄制的大量不同风格样式的作品,有电影,有电视剧,有舞台剧电视录像,等等,深受广大影视观众的喜爱,至今仍然是各影视媒体平台播放频次较高的戏曲作品种类。

以下是不完全统计的黄梅戏电影、电视剧的目录:

电影:《天仙配》《夫妻观灯》《春香闹学》《女驸马》《牛郎织女》《槐荫记》《小店春早》《红霞万朵》《杜鹃女》《龙女》《母老虎上轿》《朱门玉碎》《孟姜女》《香魂》《血泪恩仇录》《徽商情缘》《生死擂》《山乡情悠悠》等。

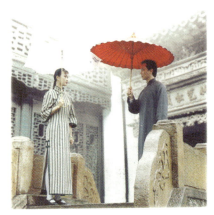

黄梅戏音乐电视连续剧《二月》剧照，
田海燕饰演陶岚、张弓饰演肖涧秋（图片由周天虹提供）

电视剧：《双莲记》《郑小姣》《七仙女与董永》《天仙配》《女驸马》《这家没男人》《西厢记》《狐女婴宁》《桂小姐选郎》《小辞店》《劈棺惊梦》《朱熹与丽娘》《遥指杏花村》《貂蝉》《黄山情》《桃花扇》《柯老二入党》《彩云坪》《挑花女》《半把剪刀》《天柱山情缘》《拉郎配》《玉堂春》《花田错》《孟丽君》《家春秋》《嫦娥奔月》《寻常人家》《宋徽宗与李师师》《红色记忆》《啼笑姻缘》《木瓜上市》《二月》《龙凤奇缘》《朝霞满天》《潘张玉良》《祝福》《李清照》《郎对花姐对花》等。黄梅戏的舞台剧表演录像更是数不胜数。

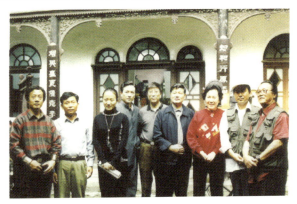

2000年，中央电视台中国电视剧制作中心邹庆芳、李汀等领导亲临黄梅戏音乐电视连续剧《二月》拍摄现场检查指导工作。该剧荣获第十九届中国电视剧"金鹰奖"中篇电视剧优秀作品奖（图片由周天虹提供）

另外，据不完全统计，我国港台地区在 20 世纪 70 年代末之前共拍摄黄梅调影片 30 部左右，20 世纪 90 年代拍摄并热播的《新白娘子传奇》中仍有大量的由左宏元先生作曲的"新黄梅调"。

第六章　黄梅戏的唱词、念白

一、黄梅戏的唱词

黄梅戏的腔、曲、词、锣鼓在实际运用中是相互交融的,你中有我,我中有你。在"黄梅戏的声腔音乐"一章中,我们提到黄梅戏"主调"有平词、二行、三行、火攻、八板、哭板、对板、仙腔、阴司腔、彩腔等。这些曲调被运用在黄梅戏正本戏的唱腔中,唱词多为"十字句、七字句、五字句"。

十字句大多是三、三、四结构,七字句大多是四、三结构或二、二、三结构,五字句大多是五字一句结构。有时可根据需要以七字、十字句为框架,字数可压缩或增扩。

十字句:《白扇记》"今乃是　五月五　龙船开放(三、三、四)

　　　　　　　普天下　喜的是　五月端阳"

　　　《游　春》"悔不该　在荒郊　调换白扇

　　　　　　　这场病　害得我　茶水不沾"(三、三、四)

七字句:《女驸马》"手提羊毫　喜洋洋(四、三)

　　　　　　　休本告假　回故乡

　　　　　　　监牢救出　李公子

　　　　　　　(我)送他一个　状元郎"

在实际运用中,无论是十字句还是七字句,都可以根据剧情或人物情感表达需要,在唱词中增加"衬字"或"数板"、感叹词之类。以《女驸马·绣楼》中"春风送暖到襄阳"为例,根据剧情需要,在"春风送暖到襄阳"的前面加三个字,即"今天是 春风送暖到襄阳",就变成十字句了。

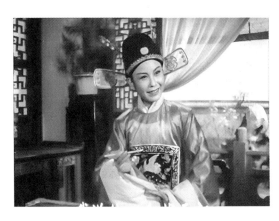

黄梅戏电影《女驸马》剧照,严凤英饰演冯素珍(图片由王小亚提供)

黄梅戏的"花腔"是曲牌歌谣体,它们中不少还明显留有民歌的痕迹。据统计,专家们搜集到的"花腔"共计105首,数量丰富、地方色彩浓郁。[①]"花腔"基本用于小戏中(少量被传统大戏当作插曲使用),且是专戏专用。因此,小戏一般也被称为"花腔小戏"。多数的花腔小戏是一出戏里有几首不同的"花腔",所演的内容基本上都是现实生活中的一些小故事,曲调和唱词也灵活多变,中间常夹杂多种口语化无词义的"衬字"。衬字垫词是民歌中很常见的元素,各个地方常用的组合不尽相同,衬字垫词在曲调的演唱中既生动有趣,又极具地方特色。从字数上来说,"花腔"的句式是三至七字不规则的长短句(去掉衬字统计的)。

五字句:

比如《打猪草》:"小女子本姓陶﹛呀子依子呀﹜——实际是五字句(齐言)

　　　　　　天天打猪草　﹛依嗬呀﹜

　　　　　　昨天起晚了　﹛嗬舍﹜

[①] 时白林:《黄梅戏唱腔赏析》,上海:上海音乐出版社,2013年,第54页。

今天(我)要赶早　{依子呀依呀,呀子依,依子呀嗬舍}

今天(我)要赶早　{依子呀依呀}

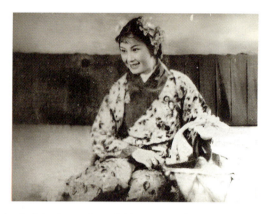

黄梅戏《打猪草》剧照,严凤英饰演陶金花(图片由王小亚提供)

《蓝桥会》中的"汲水调"("杉木水桶"):

"杉木水桶　{辛郎儿唆}

　拿一担　{溜郎儿唆}——实际是七字句(齐言)

　桑树扁担　{辛唆溜唆溜郎儿唆秧儿唆}

　忙上肩　{什当溜儿唆}"

衬字垫词是民歌韵味的体现,虽然看着不起眼,但起着很重要的作用,离开了它们,听起来也就索然无味了。

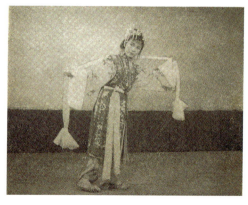

黄梅戏《蓝桥会》剧照,严凤英饰演蓝玉莲(图片由王小亚提供)

黄梅戏"花腔"腔系在演唱中基本不分行当,男女腔的区别也不明显,甚至某些小调可能男女同腔;然而"主调"腔系男女演唱是严格分腔的。具体到某个腔体,行当间又没有太过明显的区别。比如一段火攻,小生和花脸唱的火攻在旋律上基本一致,而且都是用本嗓演唱。

提到花脸,黄梅戏研究专家王秋贵和黄梅戏作曲家陈精根都曾讲过:黄梅戏曾有过一种叫作"霸腔"的腔体,"霸腔"专为表现性格粗犷豪放的人物行当所设计,比如花脸行当。为了突出花脸行当特征,演员除了在化妆表演上塑造人物外,在唱腔发声上也需要作一些特殊处理,让唱出的声音或宽宏厚实,或低沉豪放,用声音加强人物个性塑造。虽然被称作"霸腔",但"霸腔"没有自己独立的、属于"霸腔"的腔体,只是声音的塑造与其他行当的发声有所区别而已。比如一个花脸角色需要唱一段唱腔,这段唱腔其实用的是平词的腔体曲调,或者用的是火攻的腔体曲调。因此一般在介绍黄梅戏曲调音乐中鲜有提及"霸腔"的。我们如果想欣赏黄梅戏花脸唱腔,可以听听王少舫在《陈州怨》《包公赔情》中的表演唱段,王少舫的声腔表演独具一格,堪称一绝。

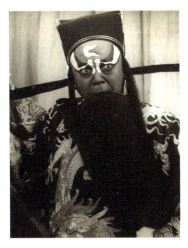

黄梅戏《包公赔情》剧照,王少舫饰演包拯(图片由陈精根提供)

二、黄梅戏的念白

戏曲的声腔艺术包含唱腔和念白。念白是戏曲舞台上各种人物的基本语言，是交流和揭示剧中人物思想感情的主要工具。念白的技术要求很高，素有"千金念白四两唱"的说法，这种说法就是强调念白的重要性，也提醒演员念白的难度很高，练习时要下功夫，表演时切不可掉以轻心。

念白到底难在什么地方呢？拿唱腔和念白一比较就明白了。唱腔是有记谱旋律的，高、低、缓、急、抑、扬、顿、挫都可以清晰地写在纸上，在演唱时还有乐器"托腔定调"。而念白则完全靠演员在无谱、无腔可依靠的情况下进行。因此，念白中的音调强弱起伏与节奏的把握更难掌控。想在舞台上"说"得好听，必须具备和唱功一样的发声、咬字、音韵等技巧。唱要唱出"情感"，念要念出"意韵"，要的就是那个"味道"。戏曲演员的唱念要达到有"味道"、好听，只有通过踏实苦练，才能掌握念白的技巧和能力，才能让念白成为音乐化了的、有"意韵"的、上了台一张口就能让观众叫好的戏曲声腔艺术。

念白大体有两种形式，一种是上韵的，叫韵白，在黄梅戏界一般称为"大白"；另一种是带有当地官话的方言白，在黄梅戏中使用的是"安庆官话"，与"大白"相对应，被称为"小白"。相似的情况还可以参看昆曲，苏昆舞台上的丑角等就会用苏州话来插科打诨，如《牡丹亭》里的石道姑就是操着一口苏州话来念白的。

韵白是戏曲舞台特有的语言，是程式化夸张了的戏曲艺术语言，在众多声腔艺术门类中十分独特，这种舞台语言个性鲜明，具有韵律化、节奏化、朗诵化的特点。每个字的念法都有讲究，念的时候不仅要念出韵律和节奏，还要念出人物独特的语气，也就是说念白要念出情感。方言白是相对接近生活化的地方性语言，同样也讲究语气、语调、方言的准确性。

黄梅戏的舞台语言是以安庆地方语言为基础的,在正本戏中大部分角色念的是韵白,唱的时候用安庆官话(丑角等部分角色会使用"小白")。在花腔小戏中,说白大部分使用"小白"。当然,也要根据角色需要来定,同一个角色在唱、念时所使用的念白音韵基本是一致的。

黄梅戏舞台上的"小白",很接近安庆人生活中所使用的语言,具有典型的安庆地方方言特点和地域文化的特色,有浓郁的生活气息,通俗易懂。"小白"在舞台上比较口语化,接近生活中的语言,使剧中人物角色更加形象生动。比如大家非常熟悉的花腔小戏《打猪草》。

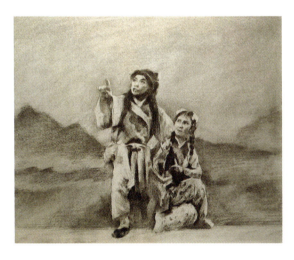

黄梅戏《打猪草》(图片由韩梅、何永新绘制)

《打猪草》是传统的黄梅戏"两小戏",人物只有两个:陶金花和金小毛。两个小孩,一个打猪草,一个看竹笋园子。陶金花在打猪草时不小心碰断了金小毛家的竹笋,慌忙中只得用草将笋盖上。看笋的金小毛看到这一切后,误以为陶金花有意偷竹笋,情急之下踩破了她的篮子。陶金花哭着拉金小毛去见妈妈,要他赔篮子。金小毛无奈,就把舅妈让他给家里买盐的二百文钱赔给陶金花。陶金花得知金小毛要将买盐的钱赔给她,当即表示不再要金小毛赔篮子,她说:"只要人意好,人好水也甜。"金小毛闻言也很开心,把已经断了的竹笋一起送给陶金花,还主动提出帮陶金花把竹笋送到家里。一路上,陶金花和金小毛载歌载舞,边走边唱"对花"。为了感谢金小毛,陶金花告诉金小毛,趁妈妈不在家要打三个鸡蛋、泡一碗炒米招待金小毛,小戏在欢乐的气氛中结束。让人意犹未尽的是:小戏不仅让观众领略到大自然田园四季收获的美好,也让观众为金小毛、陶金花两个农村孩子的勤劳、诚实、善良、友爱所感动。这出戏当年在上海滩一夜唱响,并成为经典,除了具有浓郁的乡土气息及至纯至真情感的表达外,还有严凤英、丁紫臣精湛的演唱技艺。

其中,陶金花与金小毛的一段对话就属于"小白"。

陶:你叫么名字?

金:我叫金小毛。

陶:好嘛,小毛嘞,我不得了了喔,你把我篮子踩破着,我家去我妈妈要把我打死着,走、走,到我妈妈那里去。不然,就把篮子赔把我。你赔、你赔。嗯、嗯、嗯……①

金:你讲理不讲理哟!

陶:我么事不讲理哟!

金:你把我笋子踩断着,你可晓得我这两根笋子长大着有多大用处喔?!

陶:多大用处? 有么用处喔?

金:么用处?! 我笋子长大了能做竹篮子,还能打凉床子,有许多许多用处呢。

地道的安庆方言,通过两个孩子的对话展现出浓郁而生动的乡间生活气息和场景,令人身临其境,忍俊不禁。

在传统小戏《夫妻观灯》中也有一段使用安庆官话的对白:

小六妻:当家的也,走走走,不看戏了。

小六:嗟,看着好好的,怎么不看了啦?

---

① "把"即"给"的意思,安庆方言。

小六妻：你看喏，那么个怪人看灯也不好好看灯，光把两个眼睛看着我喂！

小六：啊，么话哇，不看灯把两个眼睛看着你呀，我来看看是哪个这么大胆。（可随机指台下的某位观众，较熟悉的或不熟悉的都可以）哎哎哎，你这个老几哟，看灯不看灯，把两个眼睛看着我家老婆做么事来，要是我把两个眼睛看着你家老婆你高兴不高兴喔，你答应不答应喔。嘿嘿、老婆喂，那个人不好意思，他走着了喂！

小六妻：走着我也不看了！

这一段"小白"，除了非常生活化地表现了小夫妻之间的情趣，又虚拟性地将台下观众变成看灯人群，并挑选一个与之对话，使观众有极强的参与感，让台上台下融为一体，剧场效果非常好。

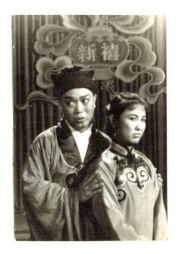

黄梅戏电影《夫妻观灯》剧照，严凤英饰演小六妻，王少舫饰演王小六（图片由陈精根提供）

在黄梅戏的"小白"中，还有一种特殊的范例，它虽使用安庆方言，但又不同于生活中的说话方式，一般会随着鼓板有节奏地把词念出来。通常我们叫它"数板"。"数板"是"小白"中一种节奏性比较强、用鼓或板打节奏、朗诵体的念白。数板在京剧舞台上使用比较多，它主要来源于民间说唱的快板书和数来宝等。快板书和数来宝在念的时候节奏往往比较快,戏曲舞台上念数板的时候节奏比快板舒缓;数板的另一种来源是昆曲的干念曲牌,即在念的时候不配曲牌伴奏。多数数板用于丑角角色,开头两个字和结尾字数多重复一遍。① 黄梅戏的数板基本是从京剧或其他剧种借鉴来的。在舞台表演中,"数板"通常有两种念法,一种是单纯的数板,另一种是数板前后或中间夹着说白和定场诗等。黄梅戏传统戏《钓蛤蟆》中有一段杨三笑数蛤蟆的"数板"(整个过程是逐渐加快的,特别考验演员的说白功夫):

一个蛤蟆一个头一张嘴,两只眼睛四条腿,叽咕咚咚跳下水。

两个蛤蟆两个头两张嘴,四只眼睛八条腿,叽咕咚咚跳下水。

三个蛤蟆三个头三张嘴,六只眼睛十二条腿,叽咕咚咚跳下水。

四个蛤蟆四个头四张嘴,八只眼睛十六条腿,叽咕咚咚跳下水。

五个蛤蟆五个头五张嘴,十只眼睛二十条腿,叽咕咚咚跳下水。

六个蛤蟆六个头六张嘴,十二只眼睛二十四条腿,叽咕咚咚跳下水。

七个蛤蟆七个头七张嘴,十四只眼睛二十八条腿,叽咕咚咚跳下水。

八个蛤蟆八个头八张嘴,十六只眼睛三十二条腿,叽咕咚咚跳下水。

九个蛤蟆九个头九张嘴,十八只眼睛三十六条腿,叽咕咚咚跳下水。

十个蛤蟆十个头十张嘴,二十只眼睛四十条腿,叽咕咚咚跳下水……

在黄梅戏《犟地保》中有一段夹杂着"小白"的数板:

姜天保:啊嘿! 清早起——

(数板)清早起,掸掸尘,先挂招牌我后开门。

(白)咦,错着嘛,这个门不开招牌怎么挂得出去哟! 嘿……

错着,错着,有错必改,我回头再来——

(数板)清早起,掸掸尘,先挂招牌我后开门。

开开门来看,左右都没有人。

我端张椅子拦门坐,越思越想是越呕人。

---

① 吴同宾编:《京剧知识手册》,天津:天津教育出版社,2005年,第219页。

这一程可比不得那一程,那程子开张许多的人。

南也是人,北也是人,东南西北拐拐落落满座都是人。

这程子,客人怕上我家门,冷冷清清是断了人。

衣裳都当尽,老婆埋怨人。

锅里没有了米,儿子哭成了泪人。

弄得我是进门出门,出门进门。

这门里门外只剩我一个人,一个人。

以上是夹杂着念白的数板。在移植戏《挡马》焦光谱这个角色的念白中,就有夹杂着定场诗、韵白的数板:

焦光谱:(数板)啊嘿——我是,

我是柳叶镇上一店家,

招来客人度生涯。

南来的,北往的,

说的都是番邦话。

虎狼之威真可怕,

我是假献殷勤侍候他。

眼前虽有千坛酒,

难消我仇恨做店家,做店家!

(定场诗)流落番邦已数载,思念家乡终日愁。

有朝一日南朝转,杀尽胡儿方罢休。

(白)我,焦光谱,想当年跟随杨家八虎大闹幽州……

以上我们介绍了黄梅戏中的"小白"及"小白"中的"数板"。

我们再来了解一下韵白("大白")的风格样式。《女驸马》"状元府"一场中有一段冯素珍刚上场时的念白,这段念白包含了"引子""定场诗""坐场白"。

"引子"一般是主要人物上场时使用的,是戏曲念白中传统程式化的舞台语言。"引子"在念的时候要掌握的要点是：略带有旋律的吟诵，节奏相对自由，主要是为了表现所扮演的人物的身份和当下的心情。在《女驸马》"状元府"一场中，冯素珍中状元后第一次亮相的念白：

冯素珍：（引子）点状元，名扬天下，

蒙圣恩，帽插宫花！

（定场诗）为救李郎来帝邦，

侥幸得中状元郎。

金阶饮过琼林宴，

谁人知我是红妆。

（坐场白）奴家——冯素珍，顶替李郎之名，上京应试，不料得中头名状元，眼看李郎得救，叫人，好喜哟！

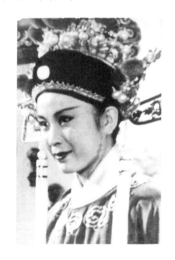

严凤英在黄梅戏《女驸马》中饰演冯素珍（图片由王小亚提供）

这段念白有"引子、定场诗、坐场白"，这时的冯素珍由大家闺秀变成了身穿蟒袍、①头戴宫花的英俊少年。她瞒过了皇帝和众多大臣的眼睛成为新科状元，马上就可以回到家乡，从监牢里救出李公子，再把"状元

---

① 蟒袍：古代官员的礼服又被称为花衣，因袍上绣有蟒纹而得名。在戏曲服装中，也被简称为"蟒"，是中国戏曲服装的专用名称。

郎"悄悄换给李公子,这是件多么令人高兴的事呀!严凤英老师通过仔细揣摩人物的内心潜台词,把冯素珍此时得意、高兴、幸福,还带有些许羞涩的心情淋漓尽致地表现出来了。

京剧或昆曲特别讲究演员的第一次出场和念"引子"。所谓"上台先看一步走",第一次出场的那几步非常考验演员的功力。接下来一亮相和念的"引子"是给观众亮出人物的精神面貌,这第一印象非常重要。

在声腔里还有一种容易被忽略的技巧叫"叫头"。"叫头"也是传统戏曲声腔艺术形式之一,主要用于剧中人物感情激动或悲痛时的呼喊、控诉。"叫头"通常以锣鼓伴奏来烘托气氛。节奏快慢、声音高低变化主要根据人物当时不同的情绪气氛来定。一般有"单叫头"和"双叫头",特殊情况下也有"三叫头"。

请看电影《天仙配》"分别"一场中严凤英老师的一段"单叫头":

七仙女:(单叫头)董郎啊!

董郎休要怪为妻,这鸳鸯好比我与你。

雄的就是董郎夫,雌的就是你的妻。

有道是夫妻本是同林鸟,大难来时各自飞!

戏曲是一门既意味深长又美妙灵动的艺术。一段字正腔圆、声情并茂、意蕴深长的唱腔念白,会沁人心扉,令人回味无穷。如孔子闻韶乐"三月不知肉味",韩娥善唱余音竟能绕梁三日。

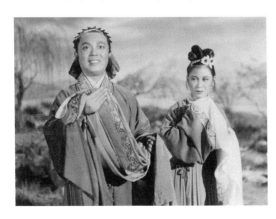

黄梅戏电影《天仙配》剧照,严凤英饰演七仙女,王少舫饰演董永(图片由王小亚提供)

被京剧界称为"一代教主"的王瑶卿先生把京剧唱、念、做、打四功中的"念"作为重点,突破"唱为主、念为辅"的旧有规律,采取"以念代唱"的创新训练手法。以念代唱,是王瑶卿先生在创作过程中深刻理解唱念共性后的大胆创举,因此是他在艺术创作上的一次创新。正如明代王骥德在《曲律》中专辟《论宾白》一章所说:"句字长短平仄,须调停得好,令情意宛转,音调铿锵,虽不是曲,却要美听。"王派京白的念白特点和风格就是一曲没有音符的音乐,这也是他创作角色的重要手段之一。

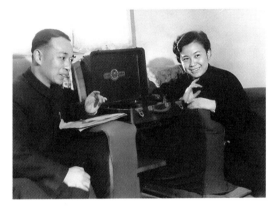

严凤英与王少舫正在研究唱腔(图片由王小亚提供)

黄梅戏是由山歌小调发展而成的,演出风格以抒情为主,最初的词曲、表演都是生活化的。黄梅戏舞台语言也是自然口语化的,有浓郁的乡土气息。为营造戏剧情境、表现矛盾冲突、突出人物个性,台词被安排得恰到好处,巧妙又自然。这些台词语言是一代代黄梅戏艺人在无数次舞台实践中打磨、加工,经历千锤百炼后形成的经典,因此,能直击人心,引起观众的深度共鸣。

第七章　黄梅戏的表演

一、黄梅戏早期的表演风格

戏曲艺术凝聚着中华民族几千年文化的精髓,它的舞台艺术具备了三大审美特征:综合性、虚拟性和程式性。舞台上的一出戏,综合了文学、音乐、舞蹈、美术、武术、杂技等几乎所有艺术门类的要素。这些艺术门类分别属于空间艺术、时间艺术、听觉艺术和视觉艺术。这些门类的艺术各有所长、各具特色,原本亦是一种各自独立存在的文艺形式,戏曲艺术在长期的演出实践过程中,逐渐把这些艺术要素有机融合,使这些门类的艺术要素在戏曲这门舞台艺术中既可以和谐统一,又能保持并发扬它们各自的优势和特色,并且在融合中生发出新的更强大的表现力,有其他艺术难以比拟的感染力,形成了独一无二、别具一格的艺术体系,流传至今依然有强盛的生命力。毫不夸张地说,戏曲艺术是集各门类艺术之大成的一门艺术。

一方舞台就那么几十个平方米,却能够"揽天地于形内"。一出戏在灯光、服装、道具、化妆等各部门的配合下,精准地做好各项演出前的准备工作,如演员化好妆、活动好身体、开好嗓子等,乐队每位琴师准备好各自的乐器,道具师也将道具放好位置,灯光师、音响师等都准备就绪只等开场。当音乐响起、舞台的帷幕缓缓拉开,演员用"唱、念、做、打"程式技艺和虚拟的手段,将剧本故事中的金戈铁马、日夜水火、善恶美丑、恩怨情仇、上楼下楼、穿针引线一一演绎出来，且活灵活现，可谓无所不能。"舞台小天地，天地大舞台"，在演绎过程中，演员与搭档、乐队、灯光等各个部门紧密配合，恰到好处，形成灵动且美妙的戏曲艺术之美。

　　舞台上演员的举手投足、唱念做打这些技艺不仅体现了演员对角色人物的理解，也体现了作为一名优秀的戏曲演员"台上一分钟，台下十年功"的艺术磨炼。戏曲舞台艺术必须是演员唱念做打等精湛的技艺及与各部门恰到好处的配合，从而产生灵动之美，让观众赏心悦目，如痴如醉。这个奥秘究竟在哪里呢？这个奥秘就在戏曲艺术的表现方法上。

　　戏曲艺术融歌、舞、剧于一体，把塑造形象与再现生活的一切手段都融于美的体系中，这种表演体系从总体上来说是一种泛美主义的表演体系。王国维先生对戏曲艺术曾给予准确的解释："以歌舞演故事。"戏曲是一门综合性艺术，一个高品质的剧目，一定是由多个部门集体创作，由优秀的戏曲演员用精湛的技艺立体地呈现在舞台上。观众走进剧场不仅是看戏，也是"听戏"。一个剧目能否成功，演员是关键。因此，戏曲艺术是以演员为中心，是视与听的舞台艺术。

　　一门艺术的风格特点在很大程度上取决于她的形式与内容。黄梅戏的表演艺术风格具有自然质朴的特质，这是由黄梅戏在萌芽时期的表演内容和演出方式决定的。早期黄梅戏所表演的故事情节非常简单，故事大多表现的是以农民和村妇、城镇手工业者、小商贩为主角的一些生活片段。比如《恨大脚》《苦媳妇自叹》这一类型的戏，表现的是旧社会底层童养媳或家庭妇女，在家受婆婆虐待或因为不是小脚而备受歧视和被嘲笑的故事，是独角戏。《点大麦》《夫妻观灯》《纺线纱》等类型的戏是"两小戏"，表现的人物故事群体是农村手工业者、农民及农村的儿童，如《打猪草》。

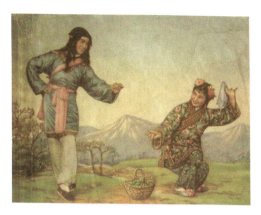

黄梅戏《打猪草》剧照，严凤英饰演陶金花，黎承先饰演金小毛（图片由王小亚提供）

再比如《夫妻观灯》这出小戏，我们目前的舞台呈现的大部分都是遵循当年严凤英、王少舫的版本。据记载，这个版本是当年由郑立松（执笔者）、王少舫、王少梅等艺人共同整理，由王少舫编排、导演、主演的（小六妻由王少梅或潘璟琍饰演）。后来因为外事活动，临时改由严凤英与王少舫搭档演出。由于严凤英未演出过这个改编本，王少舫、王少梅兄妹连夜为严凤英辅导、排练，这段过往被传为一段佳话。黄梅戏之所以能有这么多好的作品，与一代又一代有风格、有境界的艺术家的努力紧密相关，他们的精神值得我们好好学习。

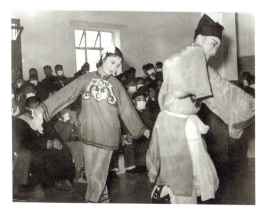

严凤英、王少舫在解放军部队当涂医院为伤病员演出《夫妻观灯》

另外，还有一些表现小商小贩走乡串镇叫卖生活的"两小戏"，如《卖杂货》《卖花篮》，等等，有表现男女爱情故事的《蓝桥汲水》《绣荷包》《补背褡》，还有一些表现普通"江湖人"生活的民间小戏（这些民间小戏的演出内容简单低俗，表现形式多为插科打诨，目前基本上已经被淘汰）。总之，从独角戏到"两小戏""三小戏"，黄梅戏艺术虽然在不断地发展，并且也深受观众的喜爱，能引起观众的共鸣，但是这些戏的故事情节和内容都非常简单。那个时期的演出场地基本上是在田间地头，以娱乐为目的，很接地气。

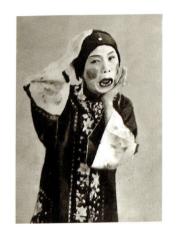

丁永泉饰演的彩旦（图片由时白林老师提供）

早期黄梅戏演员的身段表演没有规范的程式技巧，接近真实自然的生活状态。听老艺人们讲，当时演戏，所演的角色生活中穿什么，戏里就穿什么，旦角需要戴花，田间地头开什么花摘一朵戴上即可。[①] 由于演员往往是坐着或站在所谓的"台上"（其实很多时候表演区就在观众的中间），以叙事般的说唱形式几句或数十句、上百句一段一段地唱，从头唱到尾，中间很少有独白，所以形体动作也非常少，需要肢体表演时也不过是抬一抬手，动动脚走几步扭动一下身躯而已，表演非常简单。这种风

---

① 安庆黄梅戏剧院编著：《黄梅戏起源》，北京：中国戏剧出版社，2018年，第68页。

格也形成了黄梅戏清新自然,具有浓郁生活气息的艺术特点。

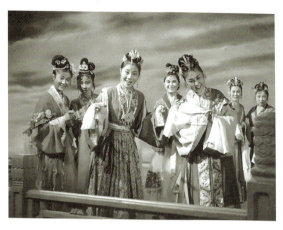

黄梅戏电影《天仙配》剧照,左起:江明安饰演五姐,张萍饰演六姐,潘璟琍饰演二姐,严凤英饰演七仙女,丁俊美饰演四姐,王少梅饰演大姐,潘霞云饰演三姐(图片由时白林提供)

比如《天仙配》这部戏,今天在舞台上表演的"鹊桥""织绢"这两场戏,在灯光的照射下,仙女会翩翩起舞,或以云帚模拟渔、樵、耕、读,或以水袖或以彩绸模拟织布过程,舞台上仙女们婀娜多姿、五彩缤纷,非常优美。而在1953年导演乔志良先生借鉴京剧身段进行排演之前,"鹊桥"只是仙女们站在椅子上(表示站立云端)作遥望人间状进行演唱,渔、樵、耕、读四人,先后依次做着各自所需要表演的动作"过场"。"织绢"则是大姐面向观众两手摆动模拟梭子来回穿梭演唱"五更织绢调"。为了使身段动作达到"以歌舞演故事"戏曲舞台艺术效果,乔志良先生借用京昆的身段,结合不同身份的劳动者的劳作状态,编排了"鹊桥""织绢"这两场戏的舞蹈动作。扮演仙女的演员经过刻苦训练,不负众望,在电影拍摄时呈现了高质量的舞蹈表演水平。这次借鉴成为黄梅戏演员提升身段表演的一次契机,是黄梅戏舞台身段表演的一次飞跃,《天仙配》这部电影成为黄梅戏里程碑式的经典作品。

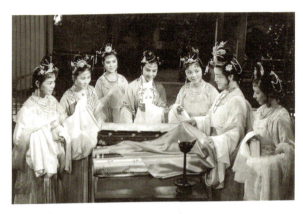

由上海天马电影制片厂与香港繁华影业公司联合摄制的大型彩色黄梅戏电影《槐荫记》(发行时改名为《天仙配》)"织绢"一场戏剧照。左起:许自友饰演四姐,张萍饰演三姐,薛叶秀饰演六姐,董文霞饰演七仙女,张谷芳饰演二姐,王毓琴饰演大姐,张艳兰饰演五姐(图片由张萍提供)

二、黄梅戏的行当

行当是戏曲艺术在长期舞台艺术实践中积淀形成的独有的表现手法,具有程式性规范的表演体制。在众多人物形象的塑造上,把性格相近的形象归为生、旦、净、丑等多种角色行当类型,演员通过角色的穿戴、步伐、手势、语气等表演程式,刻画出个性鲜明的人物形象。因此,戏曲的唱念做打体现在各类角色身上,无不带有鲜明的个性色彩。相对于其他剧种,黄梅戏因为起步晚,发展的时间又短,表演显得较为稚嫩。比如黄梅戏早期的角色行当分工,并非严格意义上的角色行当划分,基本上是以生活中的人物造型为原型,在演出时稍作装饰变成演绎状态。黄梅戏的人物造型比较简单,表演也很接近自然生活形态。

黄梅戏最初是简单的独角戏,后来逐渐形成了"两小戏"。"两小戏"中的角色是由一丑一旦组成的。扮成丑角的基本上代表的是农村劳动男子,旦角代表的是农村劳动妇女或小姑娘。随着时间的推移,黄梅戏表现的生活范畴渐渐扩大,在"丑"和"旦"的基础上增加了"小生",成为

"三小戏"。黄梅戏的角色分工不像其他剧种那样严格,主要原因是戏班人员大部分是在农闲时候唱戏,农忙时候务农,属于半职业班社,①临时组建的班子条件简陋,演员很难凑齐,这就迫使演员相互串行顶替,也在一定程度上模糊了行当之分,演技好的演员往往是一专多能。

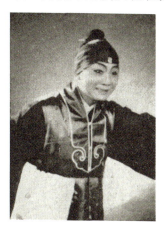

丁永泉剧照(图片由时白林提供)

旦角,指的是戏中出现的女性形象,比如青衣、花旦、刀马旦、武旦、老旦、彩旦,等等。一个是指行当,一个说的是女性演员。坤角是旧时期对女演员的称谓,专门指女性旦角演员。据记载,早期在黄梅戏界有一位优秀的女演员胡普伢,她是太湖新仓附近一户农家的童养媳,从小爱唱山歌小调,当时有黄梅戏戏班到太湖新仓演戏,她听到黄梅戏就被黄梅戏深深吸引。当时女子唱戏是绝不被允许的,因为喜爱她冲破世俗的樊篱走上舞台,在演唱艺术上取得了一定的成就,是安徽黄梅戏第一位坤旦演员。② 那时绝大多数黄梅戏艺人没有经过专业训练,舞台表演动作是按照情节需要而辅以简单的肢体动作。表演者可根据自身条件和表演体验,做到尽可能演得像这个角色。当时表演时最讲究的是面部表

---

① 《中国戏曲志·安徽卷》编辑委员会编:《中国戏曲志·安徽卷》,北京:中国 ISBN 中心,1993年,第 622 页。

② 参考资料:孔凡仲主编:《徽风民俗·安徽民间文化精华读本》,合肥:黄山书社,2008年,第 494 页;王长安主编:《中国黄梅戏》,合肥:安徽文艺出版社,2009年,第 66 页。

情,根据所唱的内容,要表现出"喜""怒""哀""乐"等不同情绪,对这类表演有专门的称谓叫"戏容"。唱功的好坏和"戏容"的逼真与否,是当时评价黄梅戏演员水平高低的标准。

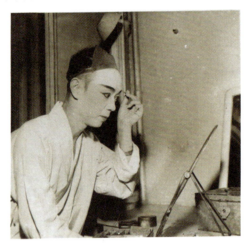

王少舫正在化妆(图片由陈精根提供)

黄梅戏在其发展初期,由于社会礼法的约束,女性角色只能由男性出演。虽然也有极优秀的男旦演员出现,但总体来说,不如女性演员"本色"出演来得自然、贴切。自从舞台上有了坤旦,黄梅戏旦角的演唱、表演艺术都发生了质的飞跃。目前黄梅戏资料库里还收藏着当年黄梅戏男旦胡玉庭和坤旦严凤英分别演唱的"打猪草调"。我们通过这两段唱腔对比,就可以听得出男旦、坤旦唱腔艺术的不同之处。

在较长的一段发展时期中,黄梅戏的唱腔是丰富的,表演则相对简陋。乐队伴奏只有打击乐,演出班底阵容是半职业状态的,艺人绝大多数还是农民、手工业者和半路出家的民间艺人,他们"忙时耕种,闲时唱戏",这是一种较为原生态的表演状态,十分接地气。有时间、有观众,艺人就演戏,观众就有戏看,演戏的对演出场所没有苛求,看戏的对演员的装扮也比较宽容,两者相对自由。

早期黄梅戏生活化的相对自由的表演,恰恰使它拥有了吸纳众家之长发展上升的空间。王少舫从小是京剧演员,接受过严格的专业训练,经历过黄梅戏"三打七唱"时期,一生无数次的舞台表演经验,无数个舞台、影视人物创作,使他在角色创造方面游刃有余,表演炉火纯青、深入人心。关于黄梅戏艺术的发展,他曾风趣地说:黄梅戏胃口好,肚子大、能吸收、能消化。通过不断地吸取成熟的剧种及其他门类艺术的养分,在保留自身风格的前提下逐渐丰满。幸运的是,这一路走来拥有一代代痴心为之终身奋斗的艺术工作者,他们通过努力,创作出一个又一个艺术精品、传世佳作,为黄梅戏的进一步发展打下了坚实的基础。

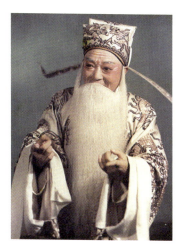

黄梅戏《女驸马》剧照,王少舫饰演刘文举(图片由陈精根提供)

人们谈起黄梅戏一代宗师严凤英,首先想到的就是她那婉转流畅、丰富而不花哨的唱腔,她的表演朴实中带着俏丽。在人们心中,严凤英就是美丽善良的七仙女、聪明勇敢的冯素珍,还有给人间带来快乐和欢喜的织女星。通过她所塑造的一个个艺术形象,可以看到她拥有极高的艺术天分,也可以看到她聪慧大气的人格魅力。当年北昆名家白云生曾到合肥,①看了严凤英的表演,他将手背在自己下巴下一横对严凤英说:

---

① 王小亚:《严凤英之子王小亚:长大后,我才懂得了母亲》,载《老同志之友》,2013 年第 5 期,第 4~6 页。

"你这下面的戏不能看!"意思是,严凤英除了一双灵活的眼睛和一张会唱的嘴,手、足、腰、腿都缺少训练,不会做戏。戏曲讲究的是"上台先看一步走",台步圆场走得好不好,可看出演员的功底有多少。白云生是昆曲非常有造诣的表演艺术家,尤其讲究脚底下台步圆场的功夫。白云生先生讲的就是严凤英脚底台步圆场功夫缺乏训练。当时的严凤英已是红遍大江南北的名演员,面对尖锐的批评,她脸红了一阵,随即表示感谢,虚心拜白云生先生为师,刻苦练习基本功。严凤英不仅用心研究黄梅戏唱腔,更是刻苦练习台步圆场身段功夫。

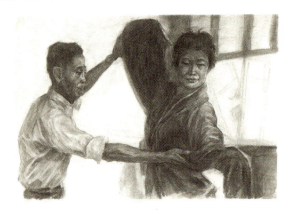

严凤英正在向老艺人学艺(韩梅、何永新绘制)

功夫不负有心人,通过刻苦的训练,严凤英的身段表演水平有了大幅度的提升,从《天仙配》到《女驸马》再到《牛郎织女》,她的表演艺术有了质的飞跃。我们从她在《天仙配》之后拍摄的电影可以看出,她在《女驸马·绣楼》中的身段表演,台步圆场稳重、优雅,尽显大家闺秀风范;她在《状元府》中女扮男装的厚底功,稳重规范,将程式的表演与黄梅戏生活化的表演有机地融合在一起,让人百看不厌;她在《牛郎织女》中《到底人间欢乐多》那段优美的舞蹈,有生活,有程式动作,有功架,有造型,形成了严派艺术经典中的经典。

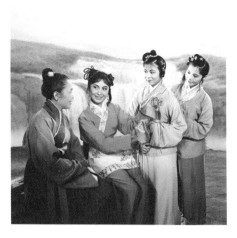

黄梅戏电影《牛郎织女》剧照,左起:丁翠霞饰演大娘,严凤英饰演织女,孙怀仁饰演青年女子,郑美贤饰演村姑(图片由王小亚提供)

京昆演艺界有文武昆乱不挡的说法,讲的是:一个优秀的戏曲演员,能文能武,能演多个行当,这样的演员也是极少的。王少舫就是这样一位了不起的艺术家。他9岁在上海师从鲍小林学京剧,攻的是老生,13岁正式登台演出。这期间的磨炼为他之后精湛的舞台表演艺术的形成打下了扎实的基本功。

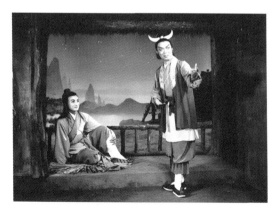

黄梅戏电影《牛郎织女》剧照,左起:黄宗毅饰演牛郎,王少舫饰演金牛星(图片由陈精根提供)

1938年,由于日寇入侵安庆,安庆封城,未能逃出安庆的少数京剧戏班演员和少数黄梅戏艺人为生活所迫,只能同台合演,王少舫老师也在其中。黄梅戏当时的演唱是无弦乐伴奏的,王少舫就请他自己的琴师小喜子用京胡定音为他伴奏黄梅调。用京胡伴唱对黄梅戏后来形成弦乐伴奏起到了推动的作用。1950年,在政府和多方邀请之下,王少舫正式加入安庆市民众黄梅戏剧团,任团长。这个时期他参加整理并导演了黄梅戏传统剧目《打猪草》《夫妻观灯》《蓝桥会》《天仙配·路遇》等。在王少舫一生的演出实践中,他凭借过硬的京剧功底,借鉴和吸收了京剧表演上的方法技巧,将它们运用到黄梅戏中,为黄梅戏舞台艺术作出了巨大贡献。《夫妻观灯》中的王小六、《游春》中的吴三保、《天仙配》中的董永、《女驸马》中的刘大人、《牛郎织女》中的金牛星、《告粮官》中的张朝宗、《陈州怨》中的包拯、现代戏《海港》中的马洪亮,等等,这些角色涉及的行当有小生、老生、花脸、丑行,等等。比如《女驸马》中刘大人这个角色,在表演处理上有老生的手法,兼有袍带丑的身段,也就是说,既有老生的表演还蕴藏着丑行的精髓。在似与不似中塑造了个性独特、极富魅力的刘大人。据陈精根回忆,当年也有人问过王少舫是如何创造出这么多跨行当、不同类型的角色的,王少舫的回答是:只要能更好地塑造人物,所有行当的技巧都可以为塑造这一个角色所用,不要受行当约束。王少舫不受拘束地吸收、消化、融化成为自己的艺术特色,表演炉火纯青。现在看来这种创作方法创作出的每个角色都深入人心,光彩照人。王少舫的表演艺术是独具一格的!

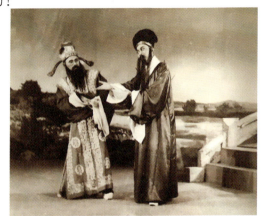

王少舫黄梅戏《告粮官》剧照
(图片由陈精根提供)

王少舫在跨行当中表现出的卓越创造能力,一方面是因为他的天赋和勤奋,一方面也因为黄梅戏长期以来形成的行当呈较为模糊的状态,客观上为这一切提供了可能性。关于黄梅戏行当的发展,王少舫进行过这样的总结:"行当的划分是有科学性的,因为它能表现各种戏剧人物不同的年龄、身份、性格等特征。我们黄梅戏也应在演唱、表演上逐渐发展行当。我说的行当不是死搬硬套,而是根据黄梅戏自身的情况不断摸索,形成自己有特色的行当。行当是一种夸张的艺术手段,我们用这种手段来丰富和提高我们黄梅戏的艺术品位。"①

大师们活跃在舞台上的时候,影像记录尚不像今天这样方便,但幸运的是,通过《天仙配》等影片,我们可以领略到严凤英、王少舫、潘璟琍等老一辈黄梅戏艺术家为黄梅戏艺术发展所作的贡献。他们吸纳众家之长,把生活化的自然表演与程式规范化的表演相结合,既保持了自己的特色,又使黄梅戏形成了自身独特的艺术风格。在不长的时间内,前辈们努力地摸索和实践使黄梅戏的表演慢慢形成自己的风格和体系。黄梅戏表演艺术向前迈进了一大步。

三、因戏而定,程式、生活、歌舞交织融合的风格特点

前面我们介绍了黄梅戏表演风格的大致演进过程。黄梅戏在发展初期相对简单,基本上是真实生活的状态。从20世纪40年代至50年代初期,黄梅戏进入突飞猛进的发展阶段,京黄同台、安徽省暑期艺人训练班的专业训练、请来兄弟剧种优秀艺术家的交流学习、走出去到上海参加华东六省一市的戏曲会演,这一切在宣传展示黄梅戏这个剧种的同时,也开阔了黄梅戏艺人的眼界,为黄梅戏的发展打下了良好的基础。20世纪50年代中后期,随着电影《天仙配》的放映,黄梅戏得到迅速发展传播。

---

① 精耕编著:《王少舫黄梅戏唱腔选集》,合肥:安徽文艺出版社,2010年,序言第24页。

从20世纪50年代开始,为了黄梅戏的发展后继有人,在各级领导的重视下,安徽省在省会合肥的安徽省艺术学校开设了黄梅戏表演专业,在安庆专门成立了培养黄梅戏人才的"安庆市艺术学校",校内开设了58级"训甲班"、59级"训乙班"等多个培训班,聘请优秀的京剧、昆曲名家、黄梅戏老艺人到学校任教,借鉴和吸收京剧、昆曲、川剧等兄弟剧种的表演技巧,在专业基本功和表演身段上划分行当,因材施教,对学生进行严格的训练。58级"训甲班"毕业的学生留在安庆市,保证了安庆市黄梅戏后继有人,并正式挂牌"安庆市黄梅戏剧团青年队"。59级"训乙班"同时毕业,抽调部分同学补充到青年队,其他分配到安庆专区黄梅戏剧团及省内外。安徽省艺术学校黄梅戏表演专业和安庆市艺术学校为黄梅戏后继人才的培养作出了很大的贡献。

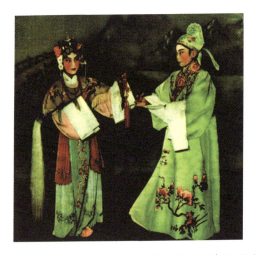

20世纪50年代,安庆市艺术学校58级学生演出的黄梅戏移植剧目《虹桥赠珠》剧照,左起:董文霞、丁绍复(图片由江伯琪提供)

戏曲人才的训练方法很重要,戏曲人才的发掘也至关重要。好的戏曲苗子首先需要具备的是生理上最基本的条件,比如个头、五官扮相、四肢、腰腿的软硬度,嗓音的条件、协调能力等。就像行内一句老话讲的那样"祖师爷赏不赏饭吃",讲的就是:培养一名好的戏曲演员,首先要看他的生理条件好不好，符不符合做戏曲演员应具备的基本条件。即便具备了这些基本条件还需要有好的"悟性"，这个还不是最关键的，最关键的是要有一颗"热爱戏曲艺术的心"。有热爱才能不怕吃苦，才会忍受得了一个字、一个动作千百遍、无数遍枯燥无味辛苦的训练。老艺人们总是说：要想成为一名好的戏曲演员，必须付出流上三车五船汗的功夫。

当年到戏校（艺校）学习黄梅戏的学生经过筛选，按照专业要求，经过几年严格的训练，在不断实践打磨中出现了一大批后起之秀，对花旦、小生、武生、刀马旦、武旦、花脸、老生等生旦净丑行当进行了划分完善。董文霞、刘广慧、姚美美、杨玲、丁同、胡静、王芙珍、方宝玲、董学勤、朱学清、张孝荣、刘胜男、卢小波、吴功敏、丁绍复、张文林、万迪汉、阚根华、杨长江、金普生、何家铎、汪金才、徐恩多、陈中元、汪维国、濮本信、龚洪涛、王胜利、王同庆、王世辉、陈金鼎、田炳南、许福喜、方忠伟、潘家庆、詹平生等一大批演员，他们能文、能武，在唱念做打、表演技巧上各有建树，精通各种武打套路。20世纪50年代开始，安徽省艺术学校黄梅戏表演专业，培养了一批又一批的优秀人才。其中最为观众所熟知的是20世纪80年代的"五朵金花"，她们分别是马兰、杨俊、吴琼、袁玫、吴亚玲。

20世纪八九十年代至今，黄梅戏《红楼梦》《无事生非》《风尘女画家》《徽州女人》《徽州往事》等新创剧目将黄梅戏推向了一个新的高潮。这些剧目无论是剧本的选材，还是故事讲述、剧中人物的塑造、音乐的表现、服装、布景等都十分讲究。尤其是随着舞台装置技术突飞猛进，美术师、音响师借助于现代化的灯光、音效、布景装置等先进手段，使黄梅戏舞台艺术画面呈现在原有的基础上得到了很大幅度的提升，在丰富剧情故事的同时也美化了舞台视觉效果，打造出一大批传播广泛、高质量的黄梅戏艺术作品。这些作品展现了黄梅戏的表演风格，既是生活化的也是程式化的，充分展示了黄梅戏因戏而定，因角色人物而定，能歌也能舞，具有歌舞融合互相交织的特点。

回想黄梅戏的发展历程,我们感慨黄梅戏是幸运的:赶上并抓住了好的时代和机遇,她在较短的时间内得以迅速发展、成熟、传播并被广大观众接受和喜爱;幸运的是一路走来,黄梅戏拥有一代一代热爱黄梅戏的艺人们,他们为后人打下基础,留下了经典之作以及精益求精、刻苦训练的精神;更幸运的是黄梅戏拥有无数伴随她成长并用心呵护她的观众朋友们。戏曲舞台百花齐放,却原是梅花香自苦寒来。优秀的传统戏曲艺术沉淀了民族文化的精神,她值得我们每个人去热爱,去发扬,去传承!

附录一　黄梅戏一代宗师严凤英、王少舫的表演艺术

我演七仙女

□ 严凤英

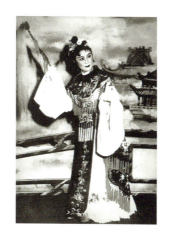

严凤英在黄梅戏舞台剧《天仙配》中饰演七仙女（图片由王小亚提供）

《天仙配》是黄梅戏的传统剧目。我从小唱黄梅戏。一开始，我只是上台跑跑丫环，那时我就看到老一辈的演员唱《天仙配》了。后来自己也演这出戏。讲老实话，那时我懂得什么呢？师傅叫怎样唱就怎样唱。唱戏只是为了糊口，对七仙女这个"人物"谈不上爱，也谈不上讨厌。不管看人家演也好，自己演也好，我对这出戏是不大感兴趣的。

我喜欢演一些人情味很浓、唱词又多的戏，像《小辞店》《西楼会》《蓝桥会》等。在安庆、桐城一带（黄梅戏就是在这里成长起来的），观众们（主要是农民）看黄梅戏也和北京的观众看京戏一样，主要是听唱。很多老艺人在唱腔上都有自己独特的风味，观众们则被这些独特的风味所吸引。

老《天仙配》里，董永的戏重些。也可以说主要是董永的戏。它的主题思想和现在是大不相同的。主要是讲"二十四孝"中的董永卖身葬父，孝心感动玉帝，玉帝赐七仙女给他配合百日姻缘。"槐荫分别"后，董永又和傅员外的女儿结了婚，并且得中了"进宝状元"。在回家的路上，七仙女下凡送子给董永，董永就"多喜临门"。总之，董永的"孝"，得到了善报。

老《天仙配》也有"路遇""分别"两场戏，这两场戏当中，七仙女的戏也是不轻的。但是，这两场戏的七仙女通常由两个演员来演。"路遇"多由"主角"演，"分别"通常由"二旦"（即挂二牌的花旦）演。两场戏我都演过，那时大多是单演一场。很难讲对七仙女有什么完整的印象。

过去排戏是前辈们把故事和台词讲一讲。有时是一边化妆一边学台词；有时演连台本戏甚至连台词也没有，听完故事和主要情节临时上台去"自由发挥"现场台词。黄梅戏的艺人们叫它为"放水"。

这几种现象在今天讲起来该是"对观众不负责"。当时我们一天要唱两场，甚至三场；并且每场都要接新戏。除了少数的几个有修养的老前辈以外，一般演员，尤其像我，当时年龄小，又没读过书，除了这样，再也找不到好的"窍门"了。

除了这以外，再就是"偷戏"。看到哪个演员演得好，或是唱得好，就站在旁边用心偷记下来。有时也能把整个情节记下来。

日子长久了，慢慢养成了一个习惯。拿到一个戏要搞清楚它说的是个什么故事，我扮的这个角色是个什么样的人，上台去干什么。上台以后，自己就要动，就要说话。

另外，我就在唱腔上下功夫，主要考虑是唱高还是唱低、唱快还是唱慢，或者怎样才能表达这个角色的思想情感（假若唱词多，那我就能充分发挥一下了）。

附录一　黄梅戏一代宗师严凤英、王少舫的表演艺术

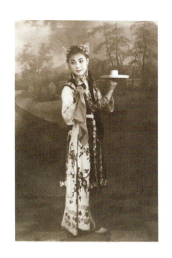

严凤英在黄梅戏《送香茶》中饰演陈月英（图片由王小亚提供）

演老《天仙配》时我很为难，"路遇"里唱腔不多，这还不在话下，到底这个七仙女下凡来是干什么的呢？当然，当时谈不上有什么分析能力，更不懂什么"历史观点"。我只想，七仙女是奉父命下凡的，并且百日之后，还得回转天庭。这样一来，当然谈不上对董永有什么真正的"爱情"。整个这场戏，至今回想起来，好像主要是想办法偷偷地在董永头上插上一把扇子，又偷偷地把他的包裹雨伞拿走，让董永能带我走。当然，之所以有这些不一定正确的印象，是与我当时对这个角色理解的程度有关系的。

七仙女下凡后的身份也搞不清楚。董永在老戏里面是个秀才，七仙女的装扮就和一般的花旦差不多，说不清她是一位千金小姐还是一位村姑。她身穿裙袄，右手拿一把扇子，左手拿一条手绢，站的时候爱把左手撑着腰，形象说不上像农民。

没有布景。由一个"检场"的跟着七仙女在上场门或下场门放一张椅子，就算上大路和下大路的两个石块。七仙女是"坐"在这两个"石块"上挡住董永的去路的。

董永纯粹是"孝子"打扮，拖着甩发，头缠白色孝巾。这场戏中，他哭丧着脸的时候多，只在最后才笑几笑。

黄梅戏的传统节目里,大的舞蹈是很少的,主要是靠唱。

这出戏,七仙女唱的不多,人物上台干什么也不明确,为了糊口,我唱也唱,心里却不喜欢。

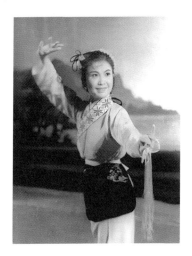

黄梅戏移植剧目《刘三姐》剧照,严凤英饰演刘三姐(图片由王小亚提供)

一九五四年,为了参加华东区戏曲会演,领导又叫我演七仙女。这一次是演经过整理的本子。一开始,我还不很喜欢。后来,在排演过程当中,我才慢慢地改变了过去的看法。

据整理剧本的同志说,他们作了一番考证,董永是真有其人,并真有卖身葬父这回事。也真有一个能干的女子跟他,帮他一夜织成了比普通人多一些的布(不是十匹锦绢)。说董永是个农民,后来变为秀才是经过封建阶级篡改的。应该使董永恢复原来面貌(这次在北京上演,也有的同志主张还改回去)。

七仙女既然能织绢,她一定是爱劳动的,下凡后应变成村姑的模样。

另外,改动得更大的是把七仙女的下凡从被动改为主动,成为她不耐天宫的凄清岁月,羡慕人间的美满生活,偷偷下凡的。

这些改动却给我带来很多新的问题。我要演得像村姑,并且要演出这个村姑是热情、真诚地爱着董永的。

小时候,我是在家里放牛的,我有很多"村姑"的姊妹,也可以说我自己就是个"村姑"。提起农村生活,我马上想起了小时候我调皮地跟放牛姑在山坡上打架的情景。对她们的生活还是比较熟悉的。在舞台上我也演过一些不同的村姑:像《打猪草》里的陶金花,《砂子岗》中的杨四伢等。这个七仙女虽说也是村姑,但她是穿着长袖褶裙的古装,而且要运用古典戏曲中的一些身段。这些都给我带来了困难。

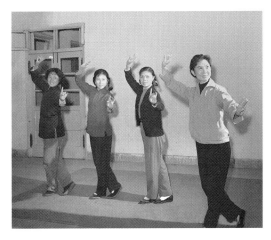

严凤英与弟子练功,右起:严凤英、许自友、张萍、王毓琴(图片由张萍提供)

七仙女是个神仙。按理也要从神仙的角度给她来分析一番、设计一番。神仙我没见过,也没法见到,但是我可以把她按照"人"的思想情况来处理。

演《打猪草》的陶金花,我主要是抓一个天真活泼的农村小姑娘。演《砂子岗》的杨四伢,主要是抓住一个挨打受气的苦媳妇。演《天仙配》的七仙女呢,我想她敢从天上跑到地上,又敢当面向一个陌生的男子主动提出婚姻大事,并且能想到一些巧妙的办法打动董永的心,难住刁恶的傅员外……那么,她一定是既大胆又聪明、既热情又能干的姑娘。

分析和认识还不是太难的事,就怕上台演不出来。一开始排演就碰到这样的问题:导演嫌我"文"了,戏曲表演有一套传统的艺术程式,既要演得像,又要演得美,这就是我面临的两大任务。

为什么演得不像、不粗野?慢慢我想出来了。村姑和千金小姐对待同一个问题时,她们的感情流露、对人的态度是大不相同的。譬如"路遇"中七仙女唱:"我愿与你配成婚。"起先我是以一般的闺门旦的表演方法来表演的:两只手的食指对董永比作"配对"的样子,头则羞惭地低下来。这种表演不仅在这里可以用,我在其他的戏中也用过,可是放在七仙女身上就太"文"了。村姑要真爱上了一个青年,她会勇敢得多。我还记得小时候,村子里有一些老人骂自己的女孩"不知羞耻"的事。其实,她们都是一些很能干的好姊妹,不过没有按照老年人的规矩,而是按照自己的愿望选择了对象而已。我想七仙女也会是这样的"人物"。我要大胆地向董永吐露真情,要抓紧机会,不然他要走了(至于我还有"仙机妙法",就想得不多了)。我要赶紧告诉他,我愿与他配成婚。这不是半夜三更,花前月下,林黛玉逢到贾宝玉;而是"青天白日",在阳关大道上,一个投亲不遇的村姑遇见了卖身为奴的董永。他要不收留我,我就"无家可归"了。在这种心情下,我发急地干脆瞪着眼对他唱:"我愿与你——"可是哪能真像老年人骂的"不知羞耻"那样,到了唱"配成婚"时,我还是羞得低下头来。

这一段戏还是以神仙假装村姑的身份演的,是"戏中戏"。我是神仙,又是村姑,我要把这两种身份都演出来,把这场戏演像。何况我是真心爱着董永呢。

以后的戏,除有些场面是以神仙的身份出现的以外,我都是以董永的好妻子出现的。我打心眼里爱着他。

七仙女爱董永,做分析工作是很容易的,搬到舞台上要我真像对爱人一样地爱王少舫同志(他演董永),却是有点为难。我们只是一般的同志,究竟还不是真的爱人,一开始排演,真是既别扭、又尴尬。

我们商量了一下,在台下就要培养这种"夫妻感情",有一个时期,我们在一起玩,吃饭也在一起,搞得非常融洽。在台上演戏也互相照应,演起来也实在分不清我是爱董永还是在爱王少舫。

"路遇"中,我先上场,王少舫还没上台,在我的脑子里就看到他化妆后的形象了,我真是觉得他处处都可爱,有了这个爱,我便自然地变得有几分调皮起来。有一次在台上演出,我突然想到女孩子在爱人面前总显得小些,爱撒撒娇。于是我演了这一点。后来也保留了,并且在其他的地方得到发挥。

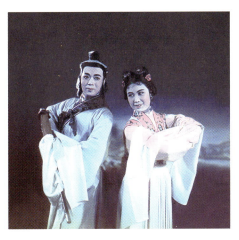

黄梅戏舞台剧《天仙配·路遇》剧照,严凤英饰演七仙女,王少舫饰演董永(图片由陈精根提供)

在"分别"的前半场我想得非常美,我有了这样一个好丈夫,并且有了身孕,今后我们的幸福生活,都像放电影似的在我脑中活动起来:丈夫董永耕着田,我在家里织着布,儿子在织机前玩耍,到了中午我就给丈夫去送饭……我又想到我是第一次生娃娃,娃娃生出来是个什么样子,丈夫会高兴得什么样子……这样一来,感情很容易就出来了。

这个"爱情"不但帮助我演了在幸福的心情中的戏,也帮助我演了"分别"中的生死离别的悲剧。

我真心地爱着董永,我有着极美好的幻想,突然要我和董永分离。这怎么行!我不愿离他上天!可是,我要不上天,董永的性命就难保,我自己将会怎样想得倒不多,我处处替董永设想,替他为难。我怎样告诉他才不使他感到突然,不至于过分伤心;我怎样才能使他知道我不忍抛别他的心意;等我刚上天,狂风巨雷把董永打倒在地上,我怎能不管!至于我上天后是不是也像大姐一样被"打入天牢",我都不在乎;我要安慰董永,叫他勇敢地生活下去;来年春暖花开,我还要给他送儿子来。

我这一切行动,都是因为我有一颗真诚爱着他的心。这颗心,实在已紧紧地系在他身上了,离开他,真得用刀把这颗心割下来。没有了董永我怎么活得了!每逢演到这里,我总是止不住内心的悲痛,大哭起来,一直哭到卸完妆,自己劝自己:"这是演戏啊!"但总是不行,老怕他会遇到什么不幸,老怕他离开我。

这样的"爱情",使我强烈地追求董永,巧妙地反抗员外,细心地照料丈夫,不顾一切地保护他……总之,都是为了爱董永。

我和王少舫同志的亲密合作,使得这种"爱情"具有强烈的真实感。

黄梅戏主要是靠唱,像《夫妻观灯》这样的歌、舞并重的戏还是解放后吸收了一些京戏的舞蹈才出现的。黄梅戏后来也有些舞蹈,大都一手拿扇子,一手拿手绢,舞起来有点像现在的"花鼓灯"。我以前穿裙袄演戏的时候多些,这次穿的像越剧样的古装,又加上一些舞蹈场面,这也是个难题。准备参加华东会演的工作是在六七月进行的,正是大热天,排戏的时候就排戏,不排戏的时候我就穿着腰裙练身段。像这样练了两个月才稍微好些。起先,注意了身段就"文"起来了,想"粗野"一点,身段又不美了。在这段时期里,我就想到荀慧生先生演《红娘》时在身段上的一些创造,也想到其他的一些例子。到了华东以后,白云生老师又给我在身段上作了一番纠正和教导。这些都给我很大的帮助和启发。当然我做的是不够要求的。

《天仙配》上了电影,并且已和观众们见了面,我想同志们一定会从银幕上更能发现我的缺点。诚恳地希望大家帮助我。

1956.11.14 于济南
摘自《中国电影》1956 年第三期
(收录时略有改动)

附录一 黄梅戏一代宗师严凤英、王少舫的表演艺术

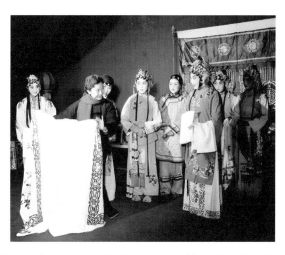

严凤英向四平县黄梅戏剧团刘乃龄示范《碧玉簪·三盖衣》的表演(图片由王小亚提供)

我 演 董 永

□ 王少舫

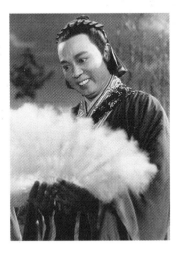

王少舫在黄梅戏电影《天仙配》中饰演董永（图片由陈精根提供）

一

从小我就跟着父母跑码头唱戏，自己不是农民，然而，我很喜欢接触他们。当我们从这个码头转到那个码头，在路上打尖或是住店的时候，很快就和他们交上了朋友。我现在还清楚地记得，当我没有戏的时候，那些陪着我一道掏麻雀、挖野菜的小伙伴，和那些经常从自己菜园子摘下一些新鲜蔬菜送给我这个"戏子"的穷朋友们。

我记得他们的面貌，也记得他们的神情。

他们有时候看起来是软弱的，倘若东家要他们拿出仅能糊口的粮食缴租的时候，他们可以跪在地上苦苦哀求。但是，假若真要抢掉他们的命根子时，他们就会跟你拼命，那时，什么"王法""利害"他们都不顾了。

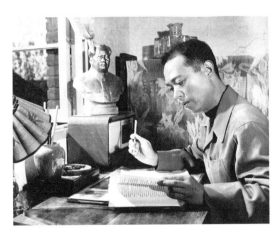

王少舫正在伏案工作(图片由陈精根提供)

我有一个"嗜好"(一直到现在还如此),喜欢站一边"看热闹"。有时看到两个老太婆吵架,不到吵完,我竟舍不得离开。有时也喜欢看看我那些小伙伴。他们和"城里人"不同。譬如,城里那些读过书的学生,见到人也会"不好意思",那总是带些"斯文气",虽然也红脸,总要装得"镇静""含蓄"些。我那些小伙伴不同,不好意思就是不好意思,脸红、脖子粗,手也不知道往哪里放好,到处乱抓,很坦白地告诉你:"我多么难为情呀!"而不是装腔作势地:"不,不,我不在乎。"

二

我演过不少的青年角色,像张生、梁山伯、许仙、魏魁元(黄梅戏《蓝桥会》中之小生)、吴三保(黄梅戏《游春》中之小生),等等。这些人大多属于在城里读过书的学生或生意人。

董永这个角色,在早先也扮演过。但那时他还是个"秀才",也是个"读书"之人。

《天仙配》这个戏经过整理,在故事情节和主题思想上恢复了劳动人民传说的原来面貌,因此董永这个人也恢复了他原来的面貌。据整理的同志说,他们查了一下湖北孝感的县志,说是有"董永卖身"的事情,那个董永不是秀才,是个农民。

董永是个农民。这对我是个大问题。

三

小的时候,我的父亲和师傅常给我叨咕这个话:"生、旦、净、末、丑,狮子、老虎、狗。装龙要像龙,装虎要像虎。"他们虽然没有什么理论,可是对我的要求是非常严格的。譬如:同样是小生行当里的人物,张生和梁山伯就各有考究。梁山伯演得不好就会"傻"了,张生演不好就会"骚"了。他们的道白各有各的分寸,台步各有各的风度。从这些方面分别他们是潇洒的还是老成的。

我怎样"装"这个董永呢?而且是农民的董永。

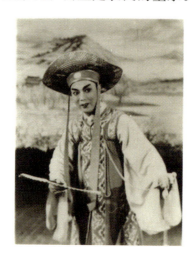

王少舫在黄梅戏《春香传》中饰演李梦龙(图片由陈精根提供)

四

我搜肠刮肚,把我演过的人物和我看到别人演过的人物拿来反复揣摩。有些处理手法给了我一些帮助。然而主要的还是童年生活的加持,我想起我那些农村里的小伙伴,也想起我的师傅来。

师傅对我身段上的严格训练,使我在艺术创造上形成了一种"成见",那就是一定要讲究手、眼、身、法、步,身段一定要干净、利落、美。有一个时期,许多同志——特别是搞话剧的同志对我的表演提出过严厉的批评,说我这种做法是"形式主义"。当时我没有虚心地接受,因为,一来我有上述的成见,二来,离了这一套我舞台上无能为力了。

师傅教的这一套,我视为珍宝,然而,我却并不以为有了这些就够了。我需要更美、更丰富,否则是不够用的。

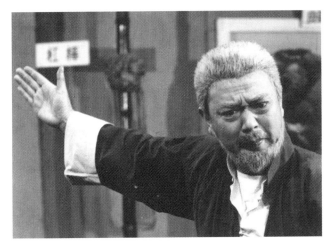

王少舫在黄梅戏现代戏《海港》中饰演马洪亮(图片由陈精根提供)

演董永,问题就来了。戏曲舞台上也出现过农民,像《猎虎记》那已是武生了。武生有武生的身段,而董永不能归到武生行里去。

小生行的台步是书生们走的,更不能用;像话剧那样,又不心甘情愿。我想:来"创造""创造"吧!把小生的四方步改一改,一般的四方步要亮靴底,董永哪有这个工夫,不亮了;四方步慢吞吞的、文绉绉的,我就给它来快一点、粗壮一点。

步子改了,道白也得改,虽然同是韵白,然而书生们讲句话喜欢"品"个"味",拖泥带水,我就给它干脆一点。

五

这样一来,不光是别人看不习惯,连我自己也不舒服。我想,我的师傅要在面前,一定通不过,老戏里就没有这种演法。可是今天碰到的是新问题呀,那就应该勇敢一点。童年小伙伴们的形象,给了我很大的勇气。我不能把董永演得像一个文弱书生,又不能演成一个英俊武生,我要把他演得像我喜爱的农民朋友,在我目前的水平上,我只有这样做。

不仅是在台步和语言上,一些细小的动作我也尽量地模仿他们。董永见到七仙女,不是很害羞嘛!我就想起他们的神态来了,脸红脖子粗,手足失措;天将逼七仙女上天,我就想起地主逼租时的情形,我想起了他们,我也像他们那样苦苦哀告,继而愤怒地反抗。

总之,我是在尽量地想把董永演得像个农民。

六

一开始,我在舞台上感到空虚。步子是这样走呀,话是这样说的呀,甚至小动作也设计好了呀。然而,空虚。人物也分析过了,董永的出身,他的任务,他的……导演也按照新的方法给我们作了解释。还是空虚。

我倒很需要认真地回味一下农民朋友的思想感情,并且切身体验一番。

譬如:"路遇"里,董永为什么不愿答应七仙女的婚姻?是不爱她呢?还是另有原故?剧本规定的是"怕连累七仙女受苦"。可见得,不但不是不爱她,而且替她想得很周到。我想到我那些穷朋友,虽然穷,然而也都有着对幸福生活的纯朴的向往。他们一夫一妻,过着"牛衣对泣"的苦日子,真诚地相爱着,实在没有吃的了,一齐上街乞讨,讨到热的,一同吃热的;讨到冷的,一同吃冷的。这种纯粹建筑在良心基础上的爱情比那些建筑在金钱基础上的爱情不知要高贵多少。所以,我想,董永是会爱上她的,尤其当她说明肯陪着我过这个苦日子时,我就更爱她。

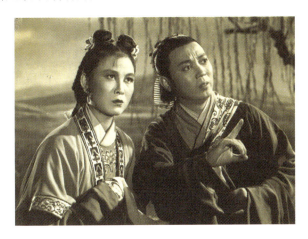

黄梅戏电影《天仙配》剧照,严凤英饰演七仙女,王少舫饰演董永(图片由陈精根提供)

剧本里表现董永这方面的不多,爱得少些,躲闪得多些。我觉得董永太不懂人情了。后来拍电影,在导演的帮助下,加了一句台词:"我看这位大姐生得倒也不错,对我又一片诚心,我若与她配为夫妇……"这样才稍微吐露了一点董永的真实心情。

"槐荫分别"的前半部大大地在这方面渲染了一下,譬如董永对未来"我耕田来你织布"的生活的向往,以及发现七仙女怀孕后的喜悦,我觉得这都是合乎人情的。

这样一来,我的戏很快就明确了:我是一个忠厚老实的农民,在"路遇"中一上场,我怀着对死去父亲的悲伤,到傅家湾去。当我发现七仙女也是个苦命的人,并且,处在无家可归的境地,又一片诚心爱着我,我很快地对她表示同情,处处替她考虑。我怕连累她受苦,同时,我对她也产生了爱情,我情愿跟她结婚。

在"上工""满工"的几场戏中,我一见到她,总要想法让她高兴些、愉快些;在"分别"后半场的戏中,我是尽我的一切保护她,设法留住她。

这样,逐渐使我在舞台有所要求了:我爱她,保护她,体贴她……演出场次一多,心里的这些东西也多了。慢慢地就走出了"空虚"的尴尬境地。

这时,我又有力量来钻研我的身段。

这样反复地琢磨着,实践的机会一多,就形成今天在舞台上活动着的董永。

我不敢肯定这个董永像不像,因为我还在演出,还在琢磨,以后将怎样变化,就无法预料了。

原载《中国电影》1956 年第 3 期
(收录时略有改动)

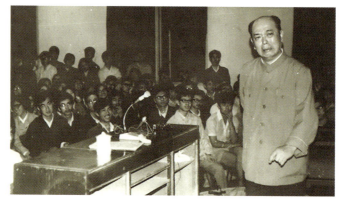

王少舫在安徽大学讲课(图片由陈精根提供)

附录二 黄梅戏精选唱段目录

序号	唱段名称	剧名	类别
1	钟声催归	天仙配	女腔/独唱
2	董郎前面匆匆走	天仙配	女腔/独唱
5	董郎昏迷在荒郊	天仙配	女腔/独唱
6	我本闺中一钗裙	女驸马	女腔/独唱
7	到底人间欢乐多	牛郎织女	女腔/独唱
3	春风送暖到襄阳	女驸马	女腔/独唱
4	含悲忍泪往前走	天仙配	男腔/独唱
8	劝小姐莫悲伤	卖油郎与花魁女	男腔/独唱
9	年年有个三月三	蓝桥会	男腔/独唱
10	臣闻书生李兆廷	女驸马	男腔/独唱
11	互表身世	天仙配	对唱
12	满工对唱	天仙配	对唱
13	对花	打猪草	对唱
14	海滩别	风尘女画家	对唱
15	十五的月亮为谁圆	刘海与金蟾	对唱
16	果然喜从天上降	牛郎织女	对唱
17	夫妻观灯	夫妻观灯	对唱
18	抖一抖老精神我把路引	杨门女将	对唱

附录三　推荐阅读书目

序号	书名/资料名	编著者	出版社(机构)	出版时间
1	《安徽省黄梅戏传统剧目汇编》(共10册)	安徽省文化局剧目研究室 安庆市文化局		1998年
2	《黄梅戏源流》	陆洪非	安徽文艺出版社	1985年
3	《安庆地区历史沿革图表》	陈宜训	安徽省安庆地区地方志编纂委员会	1985年
4	《黄梅戏音乐概论》	时白林	人民音乐出版社	1993年
5	《黄梅戏传统剧目汇编》(共15册)	桂遇秋 黄旭初	安庆市黄梅戏剧院	1995年
6	《黄梅戏音乐》	王兆乾	安徽文艺出版社	1999年
7	《黄梅戏古今纵横》	班友书	安徽文艺出版社	2000年
8	《黄梅戏通论》	安徽省艺术研究所	安徽人民出版社	2000年
9	《皖戏丛谈》	陆洪非	远方出版社	2003年
10	《严凤英、王少舫的艺术历程》	安徽省黄梅戏艺术发展基金会	天马出版有限公司	2004年
11	《中国黄梅戏》	王长安	安徽文艺出版社	2009年
12	《王少舫黄梅戏唱腔选集》	精耕	安徽文艺出版社	2010年
13	《黄梅戏唱腔赏析》	时白林	上海音乐出版社	2013年
14	《中国黄梅戏唱腔集萃》	徐高生	苏州大学出版社	2014年
15	《黄梅戏锣鼓》	王文龙 徐高生	安徽文艺出版社	2014年
16	《我的音乐生涯》	时白林	上海音乐出版社	2016年

续表

序号	书名/资料名	编著者	出版社(机构)	出版时间
17	《黄梅戏专辑：一弯新月（独唱篇）》	精耕	安徽文艺出版社	2017年
18	《王少舫谈黄梅戏》	安徽省文史馆	黄山书社	2017年
19	《回望大师王少舫》	安徽省文史馆	黄山书社	2018年
20	《严凤英的艺术人生》	安庆市黄梅戏剧院	安徽文艺出版社	2018年
21	《安徽省黄梅戏剧院（团）史志》	丁式平 杨庆生	安徽省黄梅戏剧院	2003年
22	《黄梅戏音乐概论》	时白林	安徽大学出版社	2022年

2021年3月,"黄梅戏欣赏"获批为安徽省级质量工程线上精品课程(原MOOC)

2022年12月,"黄梅戏欣赏"被评为教育部"拓金计划"示范课程,与其配套中、英文版视频课程"黄梅戏欣赏"二维码:

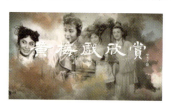

黄梅戏欣赏

安庆师范大学

  等

郭青珍 陈精耕

长按识别二维码

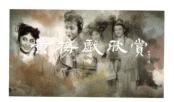

Appreciation of Huangmei Oper...

安庆师范大学

 等

郭青珍 陈精耕

长按识别二维码

中文版　　　　　　　英文版

后 记

《黄梅戏艺术欣赏》这本教材文稿,是我将这几年在学校开设的公共选修课"黄梅戏欣赏"所积累的课件讲稿,加以补充修改加工编撰而成。面对这厚厚的一本文稿,心里既感到欣慰,也很有些感慨。

从一名在黄梅戏艺术舞台上有着三十多年表演经验的职业演员,到离开舞台担任黄梅戏表演艺术课专业教师,我先是在安徽黄梅戏艺术职业学院,后又来到安庆师范大学黄梅剧艺术学院任教,转眼也已十几年了。十几年来,我所教授的大多是黄梅戏专业实践类课程,比如黄梅戏剧目课、身段课等。近几年在学校的支持下,才开始挑战自己,顶着压力咬着牙,通过承担黄梅戏艺术类公选课,努力尝试教授戏曲艺术专业理论课程,以求更大范围地宣传和推广黄梅戏艺术。记得我第一次申请黄梅戏艺术欣赏公选课,竟有116名学生选课,这门公选课安排在周三晚上,一学期下来,学生们从不迟到早退,每次都非常认真专注,兴致勃勃,课堂气氛也非常活跃。期末结束时,很多学生给我留言:第一次这么专注地听老师讲解戏曲艺术、讲解黄梅戏艺术,没想到戏曲艺术如此美好,黄梅戏这么好听!有幸听您讲黄梅戏,我们深深地爱上了黄梅戏!学生的反馈令我深受鼓舞,这也是我这几年坚持上这门公选课的动力之源,传播黄梅戏艺术的魅力,培养更多的年轻大学生成为优秀传统戏曲艺术的观众,正是我的夙愿。

黄梅戏是个年轻的剧种,她的萌芽、形成、成熟是我国戏曲艺术史上的一个奇迹,浸润了几代黄梅戏艺人的心血追求和艺术才华,她的演出样式、曲调风格、代表剧目、代表性人物都值得研究,也值得让更多人去了解、欣赏和宣传。"黄梅戏欣赏"这门公选课程教授文稿,基本上是我不断查阅资料,请教业界专家、同行老师后整理而成的。我一直认为,培养更多年轻的黄梅戏观众,与培养专业的黄梅戏艺术人才同等重要。这就好比大地与树木的关系,没有肥沃的黄梅戏艺术土壤,又怎能成就黄梅戏艺术的枝繁叶茂?于是,在学院的大力支持下,在同仁的热心帮助下,我对近几年讲授的"黄梅戏欣赏"公选课讲稿,进行了尽可能完整的梳理、整理,编写了这本《黄梅戏艺术欣赏》教材。由于水平有限,编写十分吃力,但黄梅戏艺术是我的挚爱,因为爱,所以累并快乐着。

在整理讲稿的同时,2020年12月,我带领课题项目组成功申报了安徽省省级质量工程线上课程(原MOOC)"黄梅戏欣赏",共拍摄剪辑了32集视频课程;2022年元月中旬,这门视频课被清华大学"学堂在线"网络线上课程平台推出,受到广大戏曲爱好者的欢迎,短短两个月时间,已有8000多人注册观看学习本课程,其中有来自全国各地的学员、观众,还有来自美国、加拿大等国的黄梅戏爱好者。据了解,也有些本科、大专高职院校选择了这门课程作为公共选修课。这是中国戏曲艺术的魅力,更是黄梅戏艺术的魅力,我为此感到欣慰和自豪。

一路走来,得到多位黄梅戏艺术界老前辈及同仁的不吝赐教,受到安庆师范大学各位领导、老师及同学的支持和帮助,还有我的一些热爱黄梅戏艺术的朋友鼎力相助,特此致谢并感恩于心!

郭霄珍

2023年3月